智元微库
OPEN MIND

成 长 也 是 一 种 美 好

U0125261

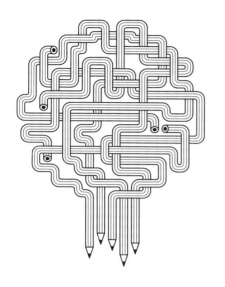

FLIP THINKING

The Life-Changing Art of
Turning Problems into Opportunities

翻转思维

将问题转变为机会的艺术

［荷］
贝特霍尔德·冈斯特
(Berthold Gunster)
◎
著

张春梅　徐彬
◎
译

人民邮电出版社
北京

图书在版编目（ＣＩＰ）数据

翻转思维：将问题转变为机会的艺术／（荷）贝特
霍尔德·冈斯特（Berthold Gunster）著；张春梅，徐
彬译 . -- 北京：人民邮电出版社，2024.3
ISBN 978-7-115-63119-0

Ⅰ . ①翻… Ⅱ . ①贝… ②张… ③徐… Ⅲ . ①思维方
法 Ⅳ . ① B80

中国国家版本馆 CIP 数据核字（2023）第 221297 号

著　［荷］贝特霍尔德·冈斯特（Berthold Gunster）
◆　　译　张春梅　徐　彬
　　责任编辑　张渝涓
　　责任印制　周昇亮
◆人民邮电出版社出版发行　　北京市丰台区成寿寺路 11 号
　邮编 100164　 电子邮件 315@ptpress.com.cn
　网址 https://www.ptpress.com.cn
　河北京平诚乾印刷有限公司印刷
◆ 开本：880×1230　 1/32
　印张：8　　　　　　　　　　　2024 年 3 月第 1 版
　字数：300 千字　　　　　　　2024 年 3 月河北第 1 次印刷

著作权合同登记号　图字：01-2023-4277 号

定　价：59.80 元

读者服务热线：（010）81055522　印装质量热线：（010）81055316
反盗版热线：（010）81055315
广告经营许可证：京东市监广登字 20170147 号

是的，但是

想象一下：你突然有个好主意，但得到的反馈却是"是的，但是""是的，但是以前试过了，没有用的。""是的，但是我们不应该先暂缓一段时间吗？""是的，但是如果行不通呢……"

所有这些"是的，但是"让你觉得，每一次的创新尝试都会被看似合理的反对意见所埋没。事实也正是如此："是的，但是"思维使我们下意识地以一种封闭的态度对待生活，这种思维造成的限制和威胁就像你面前的拦路虎。无论某个想法或观点多么有价值，都会遭遇思想僵化的阻滞，导致半途而废。

还有另一种态度，即"是的，而且"态度。这种开放的态度强调哪些事情是可以做的，并欣赏接纳各种可能性。有了这种态度，我们就能越过障碍，看到前进的道路。结果是什么？ 是抓住创新的机遇。

本书讲述的就是从"是的，但是"到"是的，而且"的思维方式的转变，这也是从问题思维到机遇思维的转变。当我们以"是的，而且"的思维方式来处理问题时，更容易发现新颖的解决方案。从一个新的角度看问题，哪怕只是转四分之一个弯，也能让我们收获重大启示。我们不必与问题纠缠不休，而是可以将问题转化为机遇，让它们成为我们的盟友。

化问题为机遇的艺术是可以学习的。这是一种心理柔术，一种我称为"翻转思维"的技术。

"翻转思维"在荷兰语中的说法是"Omdenken"。翻转思维不仅可以解决现有的问题，而且还可以打开全新的可能性。

就像毛毛虫蜕变成蝴蝶一样，通过翻转思维，我们能将问题变成美丽的新现实。这还会产生一个令人惊讶的悖论：我们面临的问题越多越好。

悖论的核心在于，翻转思维可以帮助人们改善生活，它不是通过回避问题，也不是通过只强调好的一面来忽视问题，而是帮助人们拥抱问题，承认并接受痛苦、损失和匮乏。翻转思维总是从承认现实开始的。悲观主义者对杯子里有多少水完全无动于衷，他只会抱怨还没解决的问题。为什么不好好享用这杯水呢？

1997年，我在荷兰提出了"翻转思维"的概念。从那时起，我和我的演员及培训师团队就翻转思维的原则举办了超过1万场戏剧性、娱乐性和教育性并重的研讨会，共有超过100万人次参加。除了在荷兰的演出，一个由演员和培训师组成的英美团队还在西班牙、新加坡、英国、德国和法国演示翻转思维课程。我总共写了12本关于翻转思维原则的书，仅在荷兰，这些书的销量就超过 130 万册（要知道，荷兰当时只有约 1740 万人！）。上述那些书已被翻译成意大利语、葡萄牙语、丹麦语、德语、英语、汉语等版本。

翻转思维的故事不会就此结束。它在不断发展、成长和成熟。亲爱的读者，你也成为这段旅程的一部分，这让我倍感荣幸，希望大家喜欢这本书。

希望大家能从中受益。最重要的是，我希望大家读完这本书后能明白，我们所面对的问题，无非是一些还没有找到解决方法的挫折。挫折一旦被翻转，转化为崭新的、令人向往的、闪闪发光的成就，我们将乐在其中。

贝特霍尔德·冈斯特

把这本书放在你的床头

关于如何阅读此书的一些想法

首先，我记得曾经读到过一份材料，说有 64% 的人在睡觉前都有读书的习惯，他们平均阅读时长为 10 分钟，平均阅读速度约为每分钟 300 个单词（当然，并不一定每个人都是这样的）。我就参照这个平均值，对本书进行了一番规划，使得每一章都大约有 3000 个单词。这样一来，大家每次在睡前基本就能读完一章。

其次，这本书不是小说，而是非虚构类的作品。书中描述的，是一些激励大家进行翻转思考的想法和做法。然而，事实上并不存在所谓的翻转思维理论，让我能以一种比较符合逻辑的、直接的形式——为大家列出如何去做。跟人讲述如何运用翻转思维，却不让他们亲自尝试，这么做就像是领着一个人，跟他说要带他参观一间房子，却不让他进去一样。这种参观，让人只是从外面看，有的时候是透过一扇窗或信箱看；或者是让人们绕着房子走一圈，来到一个侧门前，甚至是爬到烟囱上，从上面往下看。人们可能每次都会看到不同的景象，而且这么做的时候，也许他们会跃跃欲试，感觉自己似乎没有获得一种全面的体验，想尽快一窥全貌。因此，我鼓励各位不要偏听偏信我的"一家之言"，而要走进"房子"，尝试一下把翻转思维的方法应用到你自己的生活中，亲自体验一下。

再次，学习是在多个层次发生的一种行为，有的层次是有意识的，但也有相当多的是无意识的。我们有时候阅读了一些东西，做梦会梦到它，或者是在第二天跟别人聊天的时候谈及它，然后还会凭直觉应用所获得的见解，只是后来我们才意识到这一点。因此，我建议大家放松下来，一点一点地读这本书。一步一步地来，每天读一章。这样的话，你就能给自己的大脑足够的时间去吸收书中的内容，并且为自己的发现感到欣喜。

最后，请大家在必要的时候直接忽视我前面提的三种想法，你完全可以依照自己的方式阅读本书，也可以不去读它。

翻转思维

悲观者在每个机遇中看到困难，
乐观者在每个困难中发现机遇。

　　在本书正式开始之前，我想再跟大家多聊一聊我的职业背景。我所学的专业是舞台导演，专攻即兴表演。这一背景也在一定程度上为我提出翻转思维这一思想方法奠定了基础。即兴表演的金科玉律是什么呢？其实只有两条基本原则。**接受现实**，并且针对现实**采取行动**。大家想象这样一个即兴表演的场景：有两个演员，一个是牙医，另一个是病人。那么会不会有这样的一个场景？那就是病人实际上没有病。这样一来恐怕场景非常单调："早上好！""早上好！""你怎么样？""我很好。""好吧，那咱们明年再见。""再见。""再见"。就跟所有好的戏剧一样，即兴戏剧也是围绕一个"问题"展开的。那么即兴表演者应学会什么呢？他们要学会拥抱甚至热爱问题，并且尝试围绕着问题创作一个好的故事，要把问题视为跳板。

　　从我当上舞台剧导演起，在工作上我便不太循规蹈矩。在十多年的时间里，我跟那些经历过生活挫折的人创作舞台剧，这些舞台剧也是关于他们生活的。这些人生活在乌得勒支（Utrecht）城市周围的贫困地区，他们失去了工作，生活困顿，有的还有着其他困难。跟我合作的人包括离家出走的儿童、无家可归的人，甚至有"酒鬼"等。我不仅是在荷兰跟这类人一起创作戏剧，也在乌克兰、西班牙、苏格兰、德国、波兰、比利时和美国做这项工作。比方说在芝加哥，我就同一些无家可归的人发起了一个戏剧创作项目，名称叫作《不是你妈妈的巴士旅程》（*Not Your Mama's Bus Tour*）。通过舞台上的巴士之旅，那些无家可归的人或者曾经无家可归的人，向观众展示了他们眼中的城市一角。

在所有的舞台项目中，我的身份都是导演，我必须学会接受一件重要的事实：跟我合作的这些人并不是职业演员，没有受过专业训练。他们当中很多人毫无疑问是有表演天赋的，但在很多情况下，我在工作中还是要面对相当多的限制要素。所以我得怎么做呢？我必须学会像即兴表演演员那样工作，也就是接受现实，要认识并且接受我的"演员"的局限性，同时还要善于发现他们有什么特长，然后想明白我如何根据他们现在的状态创作一个真实的、令人信服的舞台剧，而不是按照我对他们的期待进行创作。在这个过程中，我必须充分地使用翻转思维技巧。比方说如果你用一些无家可归的人作为演员，想打造一出即兴舞台剧，在开幕的那天晚上，有五家电视台想对此进行报道，其中一家还是大名鼎鼎的媒体。

可是就在这个节骨眼上，有个演员无法到场了。此时你会怎么办呢？你可能怒火冲天，极度失望或是气急败坏，但是这些都于事无补。能够救场的，也许只有翻转思维了。你需要针对这个问题做出创造性的反应。这种事儿还真的发生过。也正是本着这样的一种洞察力，我们在上演《不是你妈妈的巴士旅程》这出戏时，创作了这么一个精彩的场景：我们跟观众说，等到了下一站，一个无家可归的女人会出现在公交车上，跟大家讲述她的故事，不过她也可能根本不会出现。那么这位女士不管是及时地来到公交车上，还是虽然来了但来得太晚了，或者是根本就没来，都将变成那场演出的一部分。那么实际的表演效果怎么样呢？棒极了。如果她到场了，观众会给她热烈的掌声。如果她最终没到场，观众也会间接认识到街头流浪生活的艰难困苦。

说起好的即兴演员所喜欢的这类场景，其实恰恰是我们在生活中不想碰到的。我们不想在生活中遇到问题，然后围绕问题做出创造性的反应。我们想要的是幸福、快乐和健康。我们都希望自己的日子是稳定的、顺顺当当的。

可惜的是，实际生活并非如此，几乎对每个人来说都是这样。每个人的生活中，都可能有失望之事、挫折、灾难，或者一言以蔽之，充满各种问题。当我们面临生活中的问题时，倾向于怎么做呢？当然是解决它们了。生活中出现问题总是让人感到糟心的，我们希望不存在问题，或者是希望能预防、杜绝它们发生。这里我想跟大家声明一下，解决问题没什么不对，但通常的情况是，我们解决了一个问题，同时也往往失去了一次机会。我们偶尔也可以像即兴表演演员那样，针对某个问题做出创造性的反应。通过翻转它，使其变成机遇。即让某个人无法来到公交车上这一事实变成整场演出的亮点。

我希望通过本书帮助大家学会像在戏剧中扮演一个角色那样生活。生活本身是一出非常真实的戏剧，你也是一个非常真实的角色，当然会面临一些非常真实的问题。但是在这些问题当中，可能隐藏很多我们未曾预料的机遇。时不时地你会发现，针对某些问题可以运用翻转思维。有一些问题有可能使你失去力量，但是有些问题也有可能让你变得更强大、更睿智、更有趣，从本质上说是变得更具创造力。我之所以写这本书，就是想给大家提供这样的工具和见识，帮助大家通过翻转思维，积极看待生活中所遇到的问题。

翻转思维并不容易做到，运用好它需要很多的技巧。但是不要害怕，这些技巧大家都能学会。也许最难学会的是树立一种基本态度，即像即兴表演的演员那样接受生活中无法改变的东西或变数。然后针对这些情形思考一下：你能做什么？ 如果大家一直拒绝接受这样一种面对生活的基本态度，那么所谓的翻转思维也就是"水中月镜中花"，是难以实现的。但是一旦你真的接受了这样一种态度，翻转思维就是一项很容易掌握的技巧了，那么我们现在进入正题吧。

荷兰的电视节目《太棒了！又是德·利乌》（*Great! De Leeuw Again*）曾经发生了戏剧性的一幕。这个节目是直播的，主持人是喜剧演员保罗·德·利乌（Paul de Leeuw）。有一次在直播中，一个裸奔者突然闯进演播室，嘴里还大喊着"请停止残忍地对待动物"，这句话也被写在他的胸脯上。不过说他是裸奔者，倒也不太准确，因为他好歹还穿着内裤。此时节目的主持人德·利乌正在表演过程中。他给一个女士打电话，刚跟对方交谈起来。他在这时暂停了电话交谈，扭头冲着裸奔者喊道："你先等一等，我马上就来招呼你，到时候咱们好好谈谈。"裸奔者就干站在舞台上，脸上似乎有些茫然，但是他仍然很有礼貌地等着主持人来找他谈话。德·利乌在打完电话之后，示意裸奔者来到舞台上的一个凳子旁。"跟我说说你所谓的残忍地对待动物是怎么一回事。"他说，"另外，我想知道你是什么材料制成的，既然你已经脱到这个程度了，不如全裸吧！"随后在现场观众的欢呼声和尖叫声中，主持人德·利乌去扯那个人的内裤。裸奔者没想到会有这么一出，惊慌失措地跑出演播室。

在电视节目直播现场，如果有裸奔者闯入，往往被视作一个演播事故，是播出的问题。保罗·德·利乌采取了"是的，而且"的态度，从而把这样的一个困局巧妙地转换成一场效果爆棚的喜剧。本来裸奔者闯入演播室打断了节目的演出，但是通过翻转思维，主持人把这一幕变成节目的一部分，这一段也变成一个非常受欢迎的视频，播放量达到数十万。

这一个直播"事故"充分展示了翻转思维的魅力。如果我们能够把问题视作机遇，就能因势利导，充分地利用它。翻转思维可被视作一种心理上的柔道比赛。在柔道比赛中，你可以借力打力，即借助对手的力量来将对手摔倒。同样，我们也可以借助某个问题的力量解决该问题。此时我们不要跟问题正面对抗，而要学会借力打力，让问题得以自行解决，消弭于无形。

还有一个例子。有一对刚结婚的夫妇，此前男方跟父母一直住到他 31 岁那年，现在这对夫妇搬到了自家的房子，这个房子距离男方父母家有 150 公里远。结婚后，男方父母每隔一周就会不请自来，而且还带着水桶、抹布、拖把，帮这对年轻夫妻进行一次彻底的大扫除。很显然这对新婚夫妇并不欢迎他们这么做。于是这对年轻夫妇每次都赶在男方父母到来之前给房子来个大扫除，以迎接检查。但是男方的父母每一次都还是能够找到问题，然后说家里真脏，接着开始进行清扫。

面对这种情形，年轻夫妇束手无策，只好求助于心理学家保罗·瓦兹拉威克（Paul Watzlawick）。瓦兹拉威克给了他们一个让他们感到无比惊讶的建议，这个建议完全出乎他们的意料。他建议夫妻俩在男方父母下次来之前不要再打扫，而且把家搞得越乱越好。如果男方父母开始打扫，夫妇俩也应该泰然处之，就好像父母给孩子打扫屋子是世界上再正常不过的事情一样，他们二人不要帮忙，连一个手指头都不要动。这对年轻夫妇听从了他的建议。

结果，下一次男方父母来的时候，屋子乱七八糟。到处都是还没有打开看的账单，满地都是脏衣服，还有其他乱七八糟的东西。这对老夫妇整个周末都在打扫房子，他们累坏了。到了周日晚上，他们在离开的时候，简直像胜利大逃亡一样，开车拐弯的时候车尾都飘移了。男方的父亲在回去的路上说："他们俩肯定觉着我们疯了。"老太太回答说："是啊，咱也就帮他们这一回，以后还是把家留给他们自己打扫吧！"

喜剧导演保罗·德·利乌的反应以及这对年轻夫妇所采取的措施都有悖普通人的直觉。要想在面对问题的时候做出这样一种似乎不合逻辑的反应，人们需要培养极强的创造力，但实际上这里面还是有章可循的。

对于初学者来说，大家应该注意，在上述两个案例中，主人公在面对问题的时候都采取了完全无视的态度。不管是那对新婚夫妇还是保罗·德·利乌，似乎都拒绝针对问题做出反应，就好像他们眼中根本没有看到问题一样，甚至拿出了"欣赏"眼前情景的态度。在绝大多数情况下，如果遇到了不希望发生的事情，我们都会采取抗拒的态度，也就是此前所说的"是的，但是"那种做法。我们总是想把问题解决掉，或者将大事化小、小事化了。

在节目直播现场突然闯入一个裸奔者大喊大叫？

是的，但是不能让这种情况发生，要阻止他，把他给拖出去。

每隔一周父母就来到孩子家做大扫除？

是的，但是不想要他们那么做。跟他们谈！ 解决问题。

当然了，有的时候直面问题也能解决问题，但是在很多情况下，这么做的结果就好像是想踩死地毯底下的一条蛇——问题会溜走，然后在另外一个场合重新冒出来。实际生活中有太多的问题，它们总是过于复杂，我们无法通过某种直截了当、符合逻辑的方式解决它们。就好像那句俏皮话所说的："根据问题的定义，问题本质上是无法被解决的。"

此外再说一点，如果我们总是抱持"是的，但是"这样的思维，我们就会给一个情形施加一种非建设性的限制。我们总是在纠结事情"应当如何"。年轻夫妇会希望他们的父母能够以好的父母为榜样；德·利乌很可能希望他的节目能够按照台本进行。在上述情形之下，我们通常希望能够拯救局面。我们的期待使得我们把类似情形视为问题。这种思维方式依据的是"我们认为外部世界应当如何"这样的想法，问题将继续存在，甚至会在一定程度上成全问题本身。窍门在于，我们要学会跳出个人思维局限进行思考。

我们不妨自问一下：什么是好的父母？ 或者现场直播究竟应该如何展开？ 究竟是谁来制定规则的？ 谁来定义规则的？ 是否存在明确的不可违反的定律？ 翻转思维的第一步就是要放弃事物"应当如何"的想法，而去接受事物"可能如何"的想法。

第一步，解构，把问题变为事实。

进行翻转思维的第一步，是把你的思维方式从"是的，但是"这样的模式转变为"是的"。也就是在面对某个情形的时候，要对它说"是的"。如果父母干涉了你的生活，那么这不是一个需要解决的问题，而是你要面对的现实。我们需要面对现实，而且这是唯一理性的做法。因为针对现实，不论你说什么，根据定义，现实就是现实，接受现实能够省去很多麻烦。

第一步（从问题到现实），就是我所谓的"解构"。你把一个问题看作事实，将抛弃几乎所有的"应当如何"的想法，而只保留了"事实如何"部分。大家在阅读此书的过程中，慢慢地就会发现这一步实际上有时候很难做到。这就像是我们拿着坚果钳想去夹破一个很结实的坚果，坚果坚硬的外壳就是我们心心念念的"现实应该如何"之类的想法。

第二步，重新建构，把事实转换为机遇。

接下来我们就来到了一个相对有些矛盾，但是又颇富创造力的观念——可能性是什么？如果父母想做大扫除，那么好啊，就让他们帮这个忙。父母的本意并不是要干涉我们，好的父母行为和干涉行为之间的关系，就好像油和水之间的关系。但是我们的思维方式却有着令人难以置信的能力，可以把看起来明显矛盾的情形变成未曾料到的机遇。在这一步当中，也就是从"是的"转变为"是的，而且"的过程中，你等于在把事实的这些碎片重新拾起来，你不妨思考一下能拿它们来做什么。从事实到机遇的转换过程，就是所谓的重新构建过程，即从"情形如何"变成"情形应当如何"的过程。

翻转思维，有的时候非常复杂，令人非常痛苦，而且运用起来特别耗时。这么做有可能会带来悲伤情绪，甚至引起心理抗拒。在很多情况下，我们都需要耐心、坚韧以及信心，才能够实现我们想要的翻转。但是有的时候整个过程又简单得令人惊讶，更像是戳破一个肥皂泡，而不是打开一个坚果。每次实现这种翻转的时候，你都会有类似这样的感觉："好家伙，难道真的是这么简单吗？"另外你也会自问："我怎么没早想到这一点呢？"

翻转思维并不遵循什么数学公式，它更像是一门艺术、一种技巧。我特别想强调这一点。有相当一批人——至少是我所接触过的——希望翻转思维过程如同一个逻辑分析过程，是某种科学，希望它能够具备一整套原理，然后他们就能够把这些原理应用在需要解决的问题上，而且这套原理能够具有数学定理一样的确定性。然而，当他们意识到翻转思维并不是那样一种过程的时候，他们会大失所望。所以我想再次强调翻转思维是没有简单公式的，翻转思维是一种创造性的过程，需要人们因势利导，随机应变。

这里我们举一个例子，有一个真实的视频，非常火，视频内容是，在西班牙，有个父亲想走路带着他三岁的儿子去超市里转一转，但是儿子想让爸爸开车去。父子俩就反反复复地说着两个词儿。父亲站在人行道上，嘴里反复地说着"走路"，而儿子将手放在车门上，每次都回答说"开车"。父子俩来来回回说了三四遍，就是"走路""开车""走路""开车"。接着父亲突然转换了角色，他没有半秒钟的迟疑，脱口而出道："开车。"那么令人惊讶的结果是什么呢？儿子立即回答道"走路。"并且松开了车门，跟着爸爸走上了人行道，父子俩的冲突结束了。

这位父亲就使用了翻转思维中的角色颠倒策略，而这个策略在他三岁的儿子身上效果非常好，因为三岁的小孩有时想自己独立做决定。我们如果跟三岁大的孩子说"你可不许把盘子里的东西吃干净，不然的话你就成了大孩子了"，他们就会反其道而行之，把盘子里的东西吃干净。他们总是想做他们自己想做的事。但是这个策略不可能长期有效，过不了几个月，孩子就会看穿父亲的把戏。到了那时候，当父亲说"开车"的时候，他也会跟着说"开车"。

翻转思维并不能够为我们提供永不出错、放之四海而皆准的规则。翻转思维必须因势而变，但是它的确能够不断地拓展我们解决问题的思路。

那么，大家能够仅仅通过阅读相关资料就变得善于运用翻转思维吗？很可惜，这一点是不现实的，你必须通过实践掌握这一技巧。这一点跟弹钢琴很像：要想成为钢琴家，你需要经过多年的刻苦练习。如果各位读了这本书，但是并不去把书中提到的技巧应用于实际，那么到头来，你只不过是读了一些有趣的故事而已。大家必须把翻转思维的技巧应用到自己的生活中，然后这种思维的力量才会真的为你所用。

就像钢琴家必须坚持练习一样，翻转思维也需要我们不断地进行练习。翻转思维包括多种工具，其中的诀窍在于针对具体的情形选择最好的工具。为了强调翻转思维的手段是多样的，我这里使用了"翻转策略"一词。"策略"（战略）这个词是一个军事名词，在军事上最有效的策略是进攻；在其他的情形下，最好的策略可能是防御；当然也有另外的一些情形，那时最好的策略是等待或是谈判。战争行为是需要我们有战略性眼光的，而翻转思维就包含一系列不同的战略，或者说是策略。本书将会给大家介绍 15 种策略，其中一些跟解构阶段有关，这些方法谈论了如何剥离、拆解或者是拆散一个问题；另外一些策略则被应用在重构阶段，可以为创造新机遇提供一些选择。

大家可以把阅读本书的过程视作一次翻转思维之旅。在现实生活中，在旅行出发之前，大家会把自己认为所有需要的东西塞到行李箱里。对于我们的翻转思维之旅来说，一些行李也是必不可少的，比如我们需要具备一些基本的洞察力。出于这个原因，本书分为两个主要部分：第一部分是对"行李"进行介绍，它们是一些能够帮助大家理解并且能够使策略发挥最大效率的基本洞察力；第二部分是我们的正式旅程，我会为大家具体介绍这15种翻转策略。而第三部分是帮大家总结一下这些策略。

享受接下来的阅读吧！

目　录 CONTENTS

第二部分 旅程

第三部分 终曲

第一部分

翻转策略的行李箱

接受现实

面对一个问题，如果没有解决方案，那么就不要浪费时间为其忧心忡忡了；如果一个问题有解决方案，那就更不用浪费时间担忧了。

话说，一位年轻的舰长首次指挥一艘巨大的军舰。一天晚上，大海波涛汹涌，军舰周围浓雾重重。舰长收到了一个发自舰桥的信号，说有一个奇怪的光源正以很高的速度径直接近军舰。舰长没有多做思考就下达了命令，发布一条消息："继续你的航线将与我舰发生撞击，请马上向南调整航向 20 度。"很快舰长收到了一个针锋相对的回复："请你马上向北修正航向 20 度。"这让他怒不可遏，双方之间来来回回又发送了几遍命令，每次舰长都要求对方改变航向，而每次对方也都针锋相对。最后，舰长情急之下发送信号称："我最后一次警告你，这是一艘军舰，我们会将你击沉。"对方的回复速度也非常快："我警告你，这是一座灯塔！"

在翻转思维中有一个最基本的观点，即有一些情况或者问题，是我们必须接受而无法改变的，本章就来谈谈这一方面的问题。诸位可能发现本章在本书中的地位有些突兀，不过话又说回来，翻转思维不就是有关变化的吗？我们为什么要在我们无法对其产生影响的事物上花费时间？可惜在实践当中，我们往往针对一些无法改变的事物，投入大量的精力和时间。就好像堂吉诃德一样，我们经常试图让现实符合自己的愿望。只要我们一直试图做到这一点，只要我们一直把精力集中在试图改变不可改变的事情上，我们就会把本可以改变的事物搁置一边，从而丧失改变的机会。因此抵抗经常使得事情保持现状，而接受现实往往带来改变，这确实是一条悖论。用心理学家杰弗里·维因伯格（Jeffrey Wijnberg）的话说，就是"接受现实是做出改变的最高形式"。

那么我们就从头开始，先学会接受。说到无法改变的事情，首先映入你脑海的是什么？也许天气就是其中的一种——下雨的时候，我们毫无办法，无法阻止雨点落下；还有死亡——死亡是无可避免的，我们必须接受它。每个人降生到这个世界上，最终都要死去，事情就是这么简单。那么我们的心情呢？我们能够改变心情吗？跟自己说快乐起来，然后就真的快乐了，我们能做到这一点吗？回答很显然可以是"能"，也可以是"不能"。我们可以有意识地影响自己的情绪，但是无法彻底控制情绪。那么人际关系或者一家公司的企业文化呢？我们如何知道哪些事情是可以改变的，哪些又是无法改变的？

如果观察一下我们周围的世界，也包括我们自己，就会发现，生命中有五件事是我们无法改变的。这一点最早是由心理治疗师大卫·里秋（David Richo）在他所写的《我们不能改变的五件事》（*The Five Things We Cannot Change*）中指出的。如果我们一直在试图改变现实中的这些东西，就是在浪费精力。这么做就好像一只小狗正冲着不断拍打过来的海浪上蹿下跳，大声地吼叫。

1. 事物会发生改变，并且走向终结

要勇于迈入第一扇打开的门，这一点绝对没错。不论我们经历的是什么，这件事到了某个时间点就将不复存在。对我们来说，一切珍贵的东西，我们的人际关系、配偶和孩子、大家族中的所有人、工作、健康的身体……所有这一切都会发生改变，并最终消逝。这一事实实际上是让人很难接受的。令人悲观的一面是，即使我们试图做出反抗，也很可能是徒劳的。可尽管如此，我们仍不顾一切地想留住一些东西。紧紧抓住曾经拥有的东西，这一点可以理解，但我们有的时候必须放手，别无他法。用《当下的力量》（*The Power of Now*）一书的作者埃克哈特·托利（Eckhart Tolle）的话来说就是："过去什么都没有发生；事情只发生在现在。"

不得不说这样一个判断也适用于未来。埃克哈特·托利再次指出，没有任何事情是发生在未来的。所有的事情，都

是发生"在当下"。要想进行翻转思维，首先就要开始学会接受此地以及此刻不断发生变化的特性。如果我们相信自己可以阻止变化的发生，或者是阻止事物的逝去，那不过是建在流沙上的一种幻觉。

这是不是一个让人感到无望的结论？乍一看似乎是的。如果我们回头细看就可以发现，这其实是一个极为正向的判断。持续不断变化的此时此地给我们提供了一个永不枯竭的灵感之源。只有当我们放弃尝试控制一切的念头，才能解锁这样的灵感。接受生之有涯这一现实不会限制我们，反而会解放我们的思想。

2. 事物并非总是按计划发展的

下面再说一件也许大家都碰到过的恼人的事。你也许曾经租过度假屋，结果发现这个房子被重复出租给别家了，要不然就是你选的房间窗外是个院子而不是大海……

对于我们的生活，我们往往自以为能够完全掌控它。一方面是因为这种幻觉经常是由某些事实所支撑的。按动某个开关，灯就会亮。你在线订购一样东西，快递也会被按时送到。我们的生活中有很多事情都是以这种近乎神奇的方式运行的，也就是说按部就班地进行的。我从小就有这样的印象。我的父亲是一个市场交易员，每天他都会在一个咖啡店买杯咖啡，但是有一天他收到的账单异乎寻常地贵。除了咖啡，账单上还有六杯柠檬汁的钱。他没有喝柠檬汁，但是我喜欢喝柠檬汁。那一天我正好跟他在一起。那么在没有跟他打招呼的情况下，我是如何点了六杯柠檬汁的？我早就注意到我父亲在点咖啡的时候总是举起手，挥动一下手指，就好像在写字板上签名一样。同时说出他的姓氏，冈斯特。进了咖啡店，我走到另外一张桌子旁坐下，而我的父亲则正全神贯注地读他的报纸，我就有样学样，像他那样冲服务员喊柠檬汁，然后报出我的姓冈斯特，之后，服务员连续六次给我端来了柠檬汁。我的世界完全是按部就班地运行的，当然也只有那一次是这样的。

我们结婚做出神圣的承诺，然后可能离婚，离婚一事恐怕不在计划之中。我们生下孩子，希望好好地抚育他们，让他们健康快乐地成长。但是后来也会跟孩子发生争吵，并且有可能变得疏远。这也并非计划之中的事情。我们创业，但有可能破产。生活中有不计其数的事没有按计划展开，面对这些事情，放手是最为关键的。大家要放弃这样一种想法，认为所有的事情都会按计划进行，或是认为我们的生活总能自行好转。有人说：你需要做的，只是强烈地渴望获得什么，或者说你必须打起精神，坚持不懈。我们经常用这样的方式互相打气，而且有时候这些建议也确实管用。但也有很多时候这么说不管用。有时候最好的策略并非坚持到底，而是该放手时就放手。

尤其在涉及亲密关系的时候，我们往往坚持这样的观念，即对方应当如何，而且我们总是试图改变我们的另一半。心理学家约翰·戈特曼（John Gottman）是专门研究两性关系的专家，他发现有高达 69% 的两性关系冲突都是因某些无法改变的事情而产生的。他写道，要想获得成功的婚姻，一个关键点就是婚姻双方都必须认识到，自己的配偶在一些方面是永远无法做出改变的。在一段成功的婚姻中，男女双方都会全盘接受对方，包括对方的毛病。

3. 生活并不总是公平的

没错，这一点很难让人接受。没有什么事情是公平的。为什么被辞退的是你而不是你的同事呢？ 为什么你觉得自己既不迷人也不聪明，而你的妹妹却非常聪明、非常有魅力，而且还有着快乐的人格？ 为什么有的人作息不规律，却能长命百岁，而他的邻居一直坚持健康的生活方式，每周去三次健身房，饮食以蔬菜为主，却在 36 岁那年外出度假时感染了未知病毒去世了？ 很难说生活是公平的。然而，若想跟生活中的不公平进行斗争，我们总是会失败。

追求公平是一项崇高的事业，这本身没有什么错。前提是，这么做总是有可能产生某种影响。 而这一点恰恰是问题的关键。如果我们无法对自己周围的环境施加某种影响，那么对公平世界的执念很快就会变成某种阻碍。事实上，所谓的公平世界假说是一种非常具有阻碍性的信念。社会心理学家梅尔文·勒纳（Melvin Lerner）认为这是我们所犯的最突出的归因错误之一。我们倾向于相信，而且多多少少是有意识地相信：善有善报，恶有恶报。鉴于我们绝大多数人都相信自己是理性的、文明的、有能力的，我们总是觉得自己不大可能遇上厄运。认为我们不管怎么样都有可能遭遇厄运这种想法会让我们心神不宁。我们更愿意相信一种幻觉，即"我命由我不由天"。

很多的童话故事也在宣扬这一点：好人总会获胜，正义将得到伸张，如小红帽战胜了大灰狼，白雪公主在被王子亲吻后终于醒了过来（至少在迪士尼的版本中是这样的），汉赛尔（Hansel）和格莱特（Gretel）逃脱了巫婆的魔爪①。

但是命运却往往会突然地、残忍地、邪恶地，而且是出乎意料地折磨我们。就像荷兰作家哈里·穆里施（Harry Mulisch）所想象的一群蚊子那样，他用这个意象来反映生活的随机性。人类就像一大群聚集在一起、正在空中飞行的蚊子，与世无争。可是突然间一只鸟飞过，随机地叼走了我们

---

① 为格林童话中著名的故事之一，讲述了一对兄妹被继母抛弃在森林里，他们遇到了邪恶、愚蠢的巫婆，最终二人齐心协力，用智慧打败巫婆，走出了森林。——编者注

中的几只——这有何公平可言？

4. 逃不开的痛苦

大家恐怕已经看出来了，我们必须接受的五件事的严肃性是递增的。谈及痛苦，我们对它进行翻转思维尤其困难。为什么？因为根据定义，痛苦会让我们感觉到它就是个问题，而不是机遇。

我们总是竭尽全力避免痛苦，如果这么做不奏效，我们就会想办法尽快消除它。这个过程经常涉及心理上的否定。你的一段感情结束了，不要纠缠，不要总是想着这件事。继续往前走；如你感觉工作太累，掏空了你的精神和体力，便相信你可以克服它，咬紧牙关，勇敢面对；如果你正为某个家庭成员的去世而哀伤，不妨坚强起来，不要让这件事打垮了你。

但是痛苦也是一种警告，比如一个孩子不小心碰到了热炉子被烫，他感觉到了疼痛，这种痛感会保护他。痛苦有时能够帮你躲过危险。比如在健身房锻炼的时候，身体的疼痛会迫使你听从它的警告，让你不要锻炼过度。试图抑制、忽视疼痛，不仅是无意义的，而且可能适得其反。疼痛是生命固有的一部分，我们不要尝试否认它的存在，也不要过度反抗它。如果我们能够仔细考虑一下，是否能够好好地利用它，也许会带来更好的结果。翻转思维能够在这方面帮到大家。

疼痛可以给我们带来某种洞察力，帮助我们做出更好的决策，并且能引领我们实现个人心态的转换。心理学家吉斯·詹森（Gijs Jansen）经研究发现，曾经经历过很多痛苦磨难的那些人，比起那些所经历的苦难少一些的人，往往会说他们的生活更幸福。对此，詹森的解释如下。

通过仔细调查，我们发现经历过很多磨难的人往往更善于好好地活下去。那些没有经历过太多磨难的人，往往更快地认输。那些经历过失败的人，往往能够更快地重燃希望，重新掌控自己的生活，具有一种习得的乐观精神。那些善于处理逆境的人，毫无疑问在过去就成功地做到过这一点。

当然了，有的时候某些痛苦似乎也没有什么高尚的目的。像是失去伴侣或者是自己的孩子，这些事恐怕是此类痛苦中最让人难过的例子。在这类事件中怎么可能会有什么有益的、有用的或者是令人产生积极改变的因素？这类事情往往让人崩溃。但即使对于这些事情，接受现实也还是能够给我们带来帮助的。

5. 人并不总是充满爱并且保持忠诚的

这可能是五个现实里面最难让人接受的一个。这种危险总是存在的，即别人并不总是对我们忠诚。他们可能嘴上说一套，实际上做的是另一套。这种事情发生在某些人身上，我们倒也不奇怪，但是万一这种事发生在跟你最亲近、你最心爱的人身上呢？ 比如说在你丈夫的葬礼上，有一个陌生女人出现了，她躲在树后，手里拿着个手帕抽抽搭搭地，然后悄悄走开。这种故事听上去太像编造的，但是这种事情在生活中的确会发生。如果这种事发生在你身上，你会怎么办？

面对这五个无法改变的现实，我们往往付出大量的精力尝试改变。

"我老公打鼾。"

好吧，你就用耳塞，或者是到另一个房间睡觉，或者是你也打。要为此感到高兴，而不是愤怒。因为只要他还在打鼾，他就还在呼吸。

"我的父亲从来不表扬我。"

好吧，这种事很糟糕，而且让人心里不舒服。这一辈子都过来了，你不挺好的吗？ 现在你可是个大男孩了。

"我的雇员都不怎么尊敬我。"

你还有雇员呢，他们对你还有态度，这简直太棒了！ 你是怎么做到的？

"周围的人拿手机打电话，都在大声嚷嚷，太吵了。"

至少你不用非得听电话那一边的谈话。

"我年纪越来越大了。"

我们不都是吗！

面对无法改变的事情心生抱怨，这一点是可以理解的。

但老是这样，就会让人觉着你总是哼哼唧唧的。接受现实，则会让你的心灵收获安宁。

这里需要强调一点，而且人们对这一点存在很大的误解，那就是接受现实并不等于"躺平"。接受现实有的时候会引发某种变化，而这种变化正是你试图达到的。设想一下，你的配偶时常酗酒，你已经使用了所有的手段想让他戒酒。最终你意识到你必须接受这一现实：他喜欢喝两杯，他可能会永远这么喝下去。意识到这一点之后，你有两个选择：一个是继续跟他在一起，接受他爱饮酒所带来的痛苦；另一个就是收拾你的东西，离开他。①

这里比较矛盾的一个现象是：你越是想改变，就越会阻碍改变的发生；而接受不可改变的现实往往能引发改变。

每当遇到这样的情形，我都希望哪一枚硬币会掉落下来。本书想告诉大家的一个洞见就是，有时是因为我们太想改变，希望能够解决问题，才导致问题持续存在的，有时这样会使得问题变得更加糟糕（大家往后读就会发现这一点）。如果我们停止解决问题的尝试，问题反而消失了。所以说接受现实就是实现翻转思维的基础。

这里面我们所面临的挑战就是要学会区分哪些事情我们

---

① 当然我这里的意思并不是说接受他的酗酒问题会自动地导致离开他。接受现实可能也意味着你要接受继续帮助他戒酒所要经历的痛苦。接受现实的方式有许多种。

能对其施加影响，哪些事情我们无法改变。雷茵霍尔德·尼布尔（Reinhold Niebuhr）曾写过这样一段话："我需要一种平静的力量，去接受我无法改变的事情；我需要一种勇气，去改变我能够改变的事情；我需要智慧，去分辨这两种事情。"这是一种全新的洞见吗？ 并非如此。在公元一世纪的时候，斯多葛学派哲学家爱比克泰德（Epictetus）也提出了同样的建议，只不过没有那么富于诗意。他是这么说的：人的幸福感和自由始于明确地认识到一个原则——有一些事情是在我们掌控之内的，有一些事情则超出我们的掌控。只有你能正视这一基本的原则，学会识别哪些是你能掌控的，哪些是你无法掌控的，你才能获得内心的平静，同时做成某些事。我们必须放弃那种事情"应当如何"的执念，然后仔细观察事实的现状如何。只有如此，才能认识到未来它能有何变化。这一过程可以总结为从问题到现实，从现实到机遇，或者是从"是的，但是"变为"是的"，然后再从"是的"变为"是的，而且"。

畅销书作家拜伦·凯蒂（Byron Katie）有一天忽然意识到她在不断地抗拒现实，并且发现这消耗了她大量的精力，也让她变得非常不快乐。产生了这一见解之后，她动笔写了一系列超级畅销书，讨论自我发现。这些书对很多人的生活产生了积极的影响。她是这样总结抗拒现实这一问题的：

"人们在提到我的时候经常说，我是那种跟风都能交朋友的女人。美国的巴斯托是沙漠中的一座城市，那里常年刮着大风，人人都不喜欢它。很多人就是因为无法忍受大风而搬离了这座城市。我之所以跟风——也就是跟现实交了朋友，是因为我发现我别无选择。我意识到要想抵抗风简直是疯了。在跟现实过不去时，我总是会输，而且百分之百地输。我怎么知道为什么会刮风呢？反正风就是在刮！"

最后送给大家一个惊喜。

你无法改变现实，你所能改变的就是如何利用现实。老话说得好，你要对付的不是手中的牌，而是你如何出牌。说到这里，我总是喜欢用下面这个故事阐明这一点。有这样一个人，他是一个少年犯。他先是小偷小摸，然后贩卖毒品，后来又持枪抢劫，待在监狱里的时间比在外面的时间还要多。这个人有两个儿子，虽然两个儿子都是同一对父母生养的，但他俩的区别像黑夜和白昼那样分明。其中一个儿子简直就是父亲的翻版。他这一辈子也是不停地作奸犯科，多次遭到起诉，在监狱里度过了大部分的时间。另一个儿子过着完全不同的生活，他结了婚，生了两个儿子，有着一份有些许乏味但令人尊敬的工作，从没有任何犯罪记录。那些研究所谓"天生"还是"后天因素"的研究者，希望探求我们的行为在多大程度上是由基因决定的，在多大程度上是由我们的生长环境决定的。他们分别问了这两个儿子下面的问题：你是怎么过上这种生活的？ 对于这个问题，两个儿子各自的回答惊人地相似："有那么一个爹，你觉得我还能过成什么样呢？"

观察
论人类观察力的局限性

一旦开始做判断，观察就终结了。

20世纪70年代，在普林斯顿某个学院有两位社会心理学家，他们分别是约翰·达利（John Darley）和丹尼尔·巴特森（Daniel Batson），他们做了一项实验，这个实验既有趣也很深刻。他们让一些学生讲一讲好心的撒玛利亚人的故事，这个故事说的是应对他人施以援手。在这个实验中，他们让一些学生去另外的一栋楼里面的大教室做演讲，两位心理学家在学生们的必经之路上安排了一位演员，他假装身体不舒服并瘫倒在路边，而对这一切学生是不知情的。只有40%的学生停下来问路边的那个人情况怎么样，另外60%的人都是匆匆走过，其中甚至有几个人满脑子想着都是该怎么讲述这个故事，几乎踩到了那个需要帮助的人。

接受现状是一种美德。但是我们真的能看清现状吗？ 话说有一位农夫和一位科学家正坐在同一辆车里，农夫朝车窗外看去。

农夫："看，那边的人正在剪羊毛。"

"完全剪光了吗？"科学家问，"你敢肯定？"

"是。"农夫回答说，"不信你自己看一看！"

科学家说："我恐怕没那么有信心说已经全剪光了。只能说我们看到的这一边的羊毛已经被剪光了，另一边剪没剪我们还没有看到。"

要想进行翻转思维，我们就必须对问题进行解构，把它拆解为一个个事实。但是观察事实有的时候比我们设想的要困难，我们经常对其视而不见。其实我们所看到的经常是我们以为自己看到的。我们可以做个小实验来验证这一点。有个擦窗户的工人正在纽约市中心的一个高楼上，他在 61 层擦窗户。他正在擦窗户的时候突然掉了下来。他身上没有系安全绳，而且这个高楼外也没有任何东西能阻挡他下落，然而他毫发无损。这怎么可能？ 大家可以想一想，稍后我会公布答案……

我们必须知道想从生活中获得什么，我们的目标是什么，这一点至关重要，但是知道自己所处的位置有的时候更为重要。具有观察现实、认清现状的能力是至关重要的。我曾经合作过的一家 IT 公司的经理是通过一个非常有趣的方式认识到这一点的。那时候他们正在一处高地进行野外生存拓展训练。每人都拿到一份该地区的详细地图，然后他们被蒙上眼睛运到了一片树林的中心，他们的任务就是自己找到出去的路。所有人都跃跃欲试，因为当时天气非常好，这个团队也很团结，他们带的食物也很充足，做这个生存拓展游戏会有很多的乐趣。但是一下车，他们满心的激动就变成茫然。为什么呢？是他们不知道应该去哪里吗？不是，这倒不是问题，因为他们手里有地图。问题在于他们不知道自己此时身在何处。

真正地看清楚现状，知道所有的事实，是进行翻转思维的必需前提。但是观察事实，说起来容易，做起来难。对于所有的动物来说，做到这一点也很难。如果我们往一个广口瓶里放一只青蛙，也放一只苍蝇，那么青蛙活下来没问题，因为它可以吃苍蝇。但是如果你往广口瓶里放的是死苍蝇，那么这只青蛙就不知道吃了，最后它可能被饿死。因为青蛙只能够看到运动着的东西，看不到静止的东西。

青蛙的视力有缺陷，人类的视力也有缺陷。我们的观察能力其实也是有局限性的。大家可以考虑一下我们感官的能力。我们耳朵所能听到的声音频率范围为 20～20 000Hz，低于或者超过这个频率范围，我们将完全听不见。对光也是这样的，我们只能看到一定波长范围内的光。我们看不见波长更短的紫外线，而蜜蜂就能看见。而对于波长更长的光来说，我们从红外线开始就看不到了。在红外线的光谱范围内，蛇是能看得很清楚的。但是随着光的波长变得更长，蛇也看不见它了。

我们的感知力也会受到我们未知范围的影响。20 世纪初的时候，有一个团队曾经做了一个研究。雅普·沙韦林（Jaap Schaveling）、比尔·布莱恩（Bill Bryan）和迈克尔·古德曼（Michael Goodman）合著的《系统思维》（Systems Thinking）一书对这个研究项目进行了描述。研究团队请了一个来自南美小镇的人在纽约市步行一上午。到了下午，研究团队和那个人见面，让他谈一谈都看到了什么。这个人跟研究团队的人说他在港口那能看见一个人一下子拿了三大枝香蕉，这让他印象很深刻（说到一枝香蕉，指的可不是我们在商店里买到的那样的一把，而是从树上摘下来的一大枝）。在这个南美人所在的小镇中，绝大多数人是能扛起一枝香蕉的，而少数比较壮的人如果体力比较好，能扛两枝，但是扛三枝这种事简直是闻所未闻。后来研究者惊讶地发现，原来港口上的那些搬运工是用手推车推香蕉的。研究者推测，由于这个人对手推车不大熟悉，所以他根本就没注意到它们。

我们的大脑会限制我们的观察能力，此即所谓的"隧道视野"效应。当我们全神贯注于一件事情的时候，就看不见其他的事情。猫也有这种习性，最容易接近猫的时间便是它集中精力的时候，尤其是全神贯注地准备扑向一只老鼠的时候。哈佛大学曾经做过一项实验，非常戏剧性地展示了这样的一种效应。在这项实验中，受试者被要求观看一段视频，视频当中有两组人，每一组都由三个人组成，这三个人要相互传递篮球。其中一组人穿着白色 T 恤，一组人穿着黑色 T

恤。受试者的任务是数清楚这两组人有多少次是空中传球，有多少次是落地传球。在视频进行到中间的时候，有一个演员穿着大猩猩服，步态轻盈地穿过这群传球的人，而且很优雅地转了个圈，然后走出了画面。在看完视频之后，受试者被问到他们有没有看到什么不同寻常的东西。大多数人都回答"没有"。即使是被问到"你有没有看见一只黑色的大猩猩"，仍然几乎有 50% 的人说没看到。之后研究人员把录像重新播给受试者看，他们都不敢相信看到的是同一段录像。

在日常生活中，我们也会不自觉地收窄我们的注意力。比如给一对年轻夫妇订一间位于火车站旁边的宾馆，这里经常会有火车"咣当咣当"地开过，过不了多长时间，他们就能安然入睡。但是如果他们的孩子发出哭闹声，不管火车的动静有多大，他们都能立即醒过来。

曾经有一次我去乌得勒支的跳蚤市场，想买一个魔方，当时我不知道是否还有人卖这东西。结果，我发现几乎每个摊位都在卖魔方，这让我惊讶不已。好像是那天早上全国的人都想把他们家里的魔方卖掉。如果不是那天凑巧我自己想买一个，我恐怕根本就不会注意到集市上有魔方。

我们的大脑倾向于只关注相关的信息，并因此同时忽略不相关或者是相冲突的信息，收窄注意力。认识到这一点对于使用翻转思维极其重要。在你集中精力的时候，注意力越是收窄，你所能注意到的可能性和机遇就越少。

　　粗心的例子不胜枚举，而且它所带来的后果也经常是比较糟糕的。犯罪心理学专家埃里克·拉辛（Eric Rassin）写过一本书，书名为《我为何总是对的》（*Why I'm Always Right*）。这本书就描述了人们的一种倾向，这种倾向就是人们总是只能看到自己认为存在的东西。这一点能够解释人们在做刑事调查的时候所犯的几个非常突出的错误。刑事调查人员一旦针对某个罪行形成了某种观点，他们就会忽视那些跟这一观点相左的事实。

　　接下来的任务会让大家也体验一下什么是"隧道视野"效应。假设有个研究人员向你展示了一组数字，数字一共有三个，分别是2、4和6，研究人员给你的指令是："这三个数字之间按一定的规则进行排列。你的任务是判断出这个规则是什么。你所要做的也是给我报三个数，你可以反复地尝试。每次你给我一组数，我就会告诉你这组数对还是不对，直到你判断出这个规则是什么。"

　　大家都可以试试这个任务。

　　你准备给研究人员一组什么样的数？

　　伦敦大学的彼得·沃森（Peter Watson）在一个经典的实验中就使用了这一测试。沃森发现绝大多数学生以为这个规则就是"n、n+2，n+4"，或者是依次在前面数字基础上加2。如果学生在验证这个规则的时候告诉沃森的数字组合是3、5、7或者是10、12、14，他都会回答"对"，肯定的回答验证了学生之前的推测，然后他们就会说规则为每次加2。但听完这个规则，沃森会说"错"。看来这背后还有另外一种规则，于是这些学生就尝试构建一个新的规则，如"中间的数跟两边的数的差值相等"。如果他们报出符合这一规则的一组数，比方说13、16、19或者10、15、20，沃森也会说"对"，但是当他们说出规则后，沃森又会说是错的。接下来会发生什么？学生们猜想的规则变得越来越复杂。这是怎么回事呢？其实沃森所预设的规则非常简单：第二个数总是比第一个数大，而第三个数总是比第二个数大。如果学生给出的是1、2、1412这样一组数，得到的回答也会是"正确"。然而，极少有学生尝试这种不合逻辑的数组。如果他们尝试了，就能更快地得到正确的答案。为什么他们没有给出这样的数组呢？因为他们心目中所想的规则应当如何才正常的观念阻碍了他们探索的步伐。

有一个横放着的玻璃瓶，里面有几只蜜蜂，瓶子没有盖儿，是敞着口的。如果我们在瓶子的上方放一盏打开的灯，那么这些蜜蜂会从瓶子里飞出来吗？对于蜜蜂来说，它们固有的"认知"是有光的地方就有出路，于是它们在玻璃瓶里会朝着光源飞过去，然后它们会一次一次地碰壁，直到最后精疲力竭，趴在瓶子底部。相比之下，苍蝇就没有这样的认知。如果我们把苍蝇放在同样的瓶子里，苍蝇就会在里面乱飞。结果如何？它们最终会从瓶口处飞出来。

蜜蜂的困境我们人类也会遭遇，有时候掌握的信息过多，反而会成为创造性思维的一个障碍。关于某个问题的解决方案，我们所知的越多，就越有可能深陷其中。现在我们回过头来想一下本章开始的时候我对大家提的那个问题：有一个在61层擦窗户的人突然掉下来，却毫发无损。怎么来解释这个现象呢？原来，他是在楼内擦窗户的。

我们会根据自己从经验中获取的信息来构建一些理论，而这些理论反过来又会遮住我们的双眼，使我们看不到现实生活中的一些新情况。我们也往往抱住这些理论不放，而不是以更开放的心态去关注那些与现实情况并不十分吻合、并不完美的一些信息。我们往往过于喜欢一些宏大的假说以及合乎逻辑的论证，因为它们似乎能够给我们提供清晰的解释。但实际上即使是最合乎逻辑的理论，也不一定是正确的。我们必须注意这样的一个事实：针对某个情形，现实情况如何，往往可能是比任何理论都更为可靠的解释。这里我们来看一个例子，荷兰的一个教育考察团到加拿大一个实验学校访问，这所学校采用的是自然教学法。自然教学法是由1968年创立于美国的萨德伯里山谷学校（Sudbury Vally School）最先提出的，其核心理念就是要求教师要按照学生自然的好奇心和发展规律来开展教学。学校里的每一个成员，包括每一个教职员工和学生，都要对自己的选择、学习及未来负责。他们每一个人都被视作平等的公民。这所加拿大学校就采用了这样的原则，效果非常好。这所学校里的学生充满热情，教师队伍非常敬业，而学生家长也都很满意。但是在来访的荷兰考察团中有一个人不高兴。他不仅是不高兴，甚至觉着这次访问令人沮丧。一个同行的老师问他为什么感到不高兴，他回答说："这所学校所进行的实验很棒，但我不明白的是为什么每个人都那么兴高采烈，情况不可能有那么好。没有任何单一的教育理论能够支撑他们在这里所做的这一切。"

你所坚持的理论是哪些？你又有多少证据来支撑你的这些理论？让我们来考虑下面的这一组说法。很多人认为这些说法是正确的。

"你必须信守诺言。"

听上去很合逻辑，但是你真的必须总是信守诺言吗？即便是你所承诺的事情很愚蠢，或者所做的承诺实际上是无法兑现的，或者你后来改了主意。如果其他人就是揪住你做的承诺不放，你该怎么办呢？

"如果你想获得一个有意义的职业，并且为社会做出贡献，你就必须得有大学文凭。"

是吗？有没有一些职业并不需要大学文凭？另外你真的必须要有一份工作吗？职业到底是什么？当个理发师不算有职业，不算是对社会做贡献？当建筑工人算不算？当个好母亲算不算？

"人一生最重要的，是要为其他人做一些贡献。"

　　我们来到这个世界上，难道就是为他人而活吗？ 这是必须的，还是只是一个选项？ 当你说一件事意味着什么的时候，你到底想表达什么意思？ 这一点总是很清晰的吗？

　　"你应该充分发挥自己的才智。"

　　所有的才智吗？ 这是谁说的？ 为什么这么说？ 为了什么目的？ 如果你的才智不怎么样该怎么办？

　　上述问题可能让大家感觉受到了冒犯，我理解这一点。我之所以这样刺激大家，也并不是为了挑战大家的一些观念。我所要挑战的就是看看大家是不是准备好了，从一种更具反思精神的角度，来分析自己关于现实的一些主观想法，看一看大家是不是像上面所讲到的考察团的那个人那样，认为现实必须从属于理论。

　　这里给大家提供这么多的例子，并不是想要强迫大家改变自己的意见，而是想给大家提出一些挑战，帮助大家打开自己的思路。就好像是打开百叶窗，让和煦的春风吹进来，吹进你的大脑。翻转思维的开端需要一个开放的思想，我们要保持好奇心，要去考虑可能性；没有任何东西是必须的，所有事情都是被允许的。诸位要是觉得有某些事情是不得不做的，这也没什么，我自己也会这么想，其实每个人都会这么想。我们每个人都有自己的价值观和原则。要想完全脱离价值观或者原则，反倒过分天真了，而且是不可能的。价值观和原则会影响我们的行为，但是哪些事情是必须要做的，哪些不是，则完全由你来决定，别人无权干涉。假如你在观察这个世界的时候，总是深受一些理论影响，那么你就永远无法看到事物的本质，更不要说以某种创新的方式来应对问题了。

心理学上的一些研究，早就揭示了我们所做的观察会被很多因素所扭曲。比如说存在所谓的"光环效应"，它指的是如果一些人已经具有某些积极的品质，那么我们就倾向于给他附加更多的积极品质。比如如果说一个人长得帅，我们往往会觉得他也很聪明（哪怕我们还从来没有见过他在智力上的任何表现）。这一点也能够在一定程度上解释，为什么差不多的两个人来应聘，一个长得漂亮，另一个不漂亮，为什么我们会更倾向于把工作机会提供给那个长得漂亮的。这一点很令人遗憾，但却是实情。我们当中那些相貌平平的人，确实会遇到这种容貌上的歧视。

另外我们可以关注一下"首因效应"（primacy effect）。这指的是我们倾向于认为首先接收到的信息更为重要。这一点从我的姓名贝特霍尔德·冈斯特上就可以反映出来。许多人在读我的名字时会采用类似德语的发音。为什么？这是因为我的名字给人带来的印象。贝特霍尔德看上去像一个德语名字，所以他们会以为我是个德国人。我是怎么意识到这一点的呢？因为我的大儿子（他叫延·冈斯特）从来没遇到过这样的问题。延这个名字在荷兰语中很常见，所以人们在看到他的姓名时，会把后面的姓按照荷兰语的发音读成冈斯特，而不是像在德语中那么读。

　　谈及我们的观点的时候，就非常有必要考虑"首因效应"，因为我们每个人都会非常快地形成"首因效应"。在收到最早的信息之后，所收到的那些相反的信息往往没有被充分考虑。正因如此，针对我们所形成的每一个观念，我们都要仔细检查我们是如何得出最终结论的。还有一个办法也比较有效：要时刻自问一下，相反的情况是否也成立？

　　另外，我们也要时刻警惕，注意区分事实和观点。富人能否同时高尚？　父母是否会自私？　白的能否是黑的？　黑的能否是白的？

　　人的思维中的另外一个弱点是"对比效应"。比如说你挺聪明的，但是你被安排在一组有着极高智商的天才当中，那么他们就会觉着你的智力平平，甚至连中等水平都算不上。但是如果你周围都是智力平平的人，那么你就有可能鹤立鸡群。

　　"相似效应"（similar effect）这种思维模式也会扭曲我们的认知，我们会不自觉地喜欢那些更像我们的人。相对应地，对于那些跟我们不怎么像的人，我们就不会那么信任他们。此外还有"单纯曝光效应"（more exposure effect）。如果我们能经常见到某类事物，我们就会觉得跟它更熟悉，也就会觉着使用这种东西更舒服。这一点能够解释为什么有些广告会反复播放。对于广告中的产品，我们越是经常看到，就越能形成对这个品牌的一些积极观念。

上文我给大家列举了我们认知上的一些偏差，以及思维方式上的一些缺陷，但不可能穷尽。心理学家已经提出了更多的此类问题。我之所以列举这一些，是希望跟大家强调这一点，即认清事物的本质并且得出正确的结论，而不是错误地反映现实，是一件非常复杂的任务。如果各位想学会翻转思维，就必须记住，每当你认为针对某一特定的情形，自己已经知道其真面目的时候，你都需要多加小心。现实中，在认识事物的过程中，我们犯错的概率比得到正确结论的要高。

心理学家丹尼尔·卡尼曼（Daniel Kahneman）曾经做过很多研究，探索人类思维中的缺陷。他的研究揭示出这些思维缺陷能够造成很严重的不公平问题。在我们的社会中，若是让大家指出哪一类人最能够准确地判断事实，我们可能说是法官。那么针对这一点，卡尼曼有何发现？他发现如果那些法官刚刚吃饱喝足再去审案子，那么嫌疑人就更有可能被无罪释放。但是很显然，法官是否吃饱完全不应该成为某人该不该被定罪的根据。

上述这些事例对翻转思维意味着什么？

第一点，我们必须不断地训练自己的能力，当我们建立理论进行观察的时候，要谨慎仔细，并且要更深入地了解事实。正如歌德说过的那样："最难以看到的事物是摆在你眼前的事物。"

第二点，我们必须认识到我们的大脑总是希望构建完整的图景。我们的大脑不喜欢零碎的信息。它们希望将零碎的信息组织起来，形成一个清晰的故事。在《最小阻力之路》（*The Path of Least Resistance*）这本书中，作者罗伯特·弗里茨（Robert Fritz）告诫我们："不要填补空缺。"考虑不完整的、通常看似矛盾的信息，而不是将其转化成一个让人欣慰的清晰的理解，即接受我们尚未了解一些事的事实，这是进行翻转思维的一个基本技巧。

第三点，我们必须承认，我们所有人都有自己的盲点。我们无法看到现实的全景，我们看到的是别人想让我们看到的，或我们自己想看到的。就好像经典寓言盲人摸象所说的那样。我们就是那些盲人。摸到大象腿的人会说大象像一棵树，摸到大象尾巴的人会说它像一个拂尘，摸到大象鼻子的人会说它像一个吸尘器。大家在假设自己已经知道所有的事实之前，一定要再仔细地检查一下是否还有更多的信息碎片。另外，看一下将这些信息碎片组合起来，能否帮助我们对目前的形势形成不同的判断。在进行观察的时候，你要先把头脑中的成见清空，然后仔细地进行观察。你看到的事实越多，在进行翻转思维的时候，能发现的机会也越多。

问题

　　本书写到这里，我觉着我们最好先迂回一下，针对问题这个词进行一些哲学上的思考。鉴于翻转思维的起点总是某个问题，所以，针对我们的"原材料"获得某个扎实的理解，应该是一个好主意。要明确的是，当我们使用"问题"这个词的时候，我们真正指的是什么呢？

　　这个词本身给我们的感觉是，问题是一种破坏性的、可怕的或者恼人的东西，它就好像闯入你客厅的一头狗熊。你把狗熊赶走，问题也就消失了。此外，我们的问题有可能是阴雨绵绵的天气，或者是不停抱怨的孩子，或者是我们预订的令人失望的度假屋。因为它的窗户朝向后院，而不是朝向外面美丽的风景。但是现实往往更为复杂。问题往往并非仅仅是一件事。根据定义，问题包含两件事物：一是关于现实应当如何的想法或者是愿望；二是针对现实的一种认知，这个认知跟我们的想法或愿望相违。表面上看，似乎客厅里的狗熊是问题，实际的问题包含两个方面之间构成的更紧张的局势：狗熊存在的事实以及你想活下去的愿望。

　　上述说法似乎有些荒谬，而且我也承认这样说好像有些扯远了，但是请大家耐心地往下看。我们来做一个思维实验，假设你的目标是要拍摄一个短片，在短片中你被一头狗熊吃掉了（太残酷了）。那么在这种情况下，这头狗熊出现在你的客厅里就不是问题。狗熊的存在究竟对你来说是不是个问题，取决于你的意图。狗熊只是当前情形中的一个事实。与上述情形相似，天气、满腹抱怨的孩子或者是窗户朝向后院的度假屋，它们自身不是问题。我们内心的期望值实际上决定了我们是否会把某些特定的事实视作是问题。基于这一认识，我们所得出的符合逻辑的结论只能是：在我们周围的世界中不应该有问题。事物本来如何，就是如何。它们本身没有意义，它们的意义是我们所附加的。现实只是一些数据，由我们来负责阐释。

我当然知道在一个人的正常生活中，如果客厅里冒出一头大狗熊，会是一个很大的问题。但是我们还是尝试调整一下视角。假设你自己是那头狗熊，而且此时饥肠辘辘。

好吧，我知道上面这个例子有点太离谱了，所以我们换一个例子，讲一件我自己的亲身经历。我大儿子十一岁的时候，我发现只要我去冲澡，淋浴头就非常低。有好几次我都注意到在我之前洗澡的是他。终于有一天我忍不住了，跟他谈了这个问题，而且没好气地跟他说，让他在洗完澡之后，把淋浴头放回到原位。他认真地听了我的话，然后回答说："没问题，我会照做。但是我也想谈一件事，这件事让我天天都很烦恼，行不行？"我说："当然可以，你说。""每天早上我去冲澡的时候，都会发现淋浴头太高了，以后你用完了之后能不能把它放低点？"

从这个故事中我们可以看出，对一个人构成问题的事实，对另外一个人可能就是一种理想的状态。这一点强调了这一事实，即客观上来讲，不存在任何问题，存在的只是事实。当我们面对事实的时候，我们可以将其视作问题（因为它们给我们带来麻烦了）；也可以把它们看作事实（或者说"事物的现状"，因为我们对它们持中立态度）；还可以把它们当成机遇（因为我们看到了它们的积极潜力）。

我们再来看问题，其实问题本身非常简单——只分为两种情况。当某件事物不存在的时候，我们觉着它应该存在；或者是某件事物存在的时候，我们又认为它不应该存在。就这么简单。

几年前，我曾经在波兰办过一个培训。面对满屋子的教授、企业家和学生，我提出了跟上面一样的想法："在现实中只存在实际情况。问题不管有多大、多复杂，我们总是可以将其解构为事实和愿望。"这时，有位女士站起来打断我，她的英文说得很棒。"老师，你说实际上不存在问题。为什么？这对你来说很简单，而且在你的国家事实可能也的确如此。但是在我们这儿只要走出这栋大楼，就有大量的问题等着我们去解决。比方说，在我的好朋友当中有这么一对夫妇住在公寓楼十二层。这栋楼的水管坏了，而电梯只能上到六楼。

他们需要用水的时候，需要从其他地方打水，然后提着水坐电梯上六楼，再下电梯，爬楼梯到十二楼。面对这样的情形，我们怎么能说不存在问题？ 这里我说的和水有关的问题是实际存在的吧，而且电梯也不好用。面对此情此景，你怎么能说实际生活中不存在问题呢？"

当时我心里暗想，好家伙，要是这么跟她讨论下去，我们恐怕一时半会儿都讨论不清。于是我开口道："开始呢，我们先认为这个楼的水管破裂了，对于住在楼上的人来说确实是个问题。但是管道工对这一情形会有何看法？ 对管道工来说，水管破裂意味着工作。但是还没完，我们继续往深处考虑。在别处也有类似的问题，当然了，我知道问题的严重性要轻得多。但从本质上讲，问题的结构是相同的。比方说我正安安静静地坐在家里看世界杯的比赛。荷兰队正在场上踢，然后我这么一直看了十分钟。突然之间我觉得口渴难耐，于是乎我就起身走进厨房，给自己倒了杯水，然后又回到电视机前。结果你猜怎么着？ 就在这一会儿工夫，他们就进了一个球，我却没看到！"

说到这里，我发现屋子里的人开始躁动不安，人们开始窃窃私语。

"老师讲这个故事的用意何在？"

我继续说："当然了，为了表明我的观点，我讲得稍微有些夸张。但是从本质上讲，不管是在波兰还是在荷兰，同样的规则都是起作用的。首先你想喝水了，这时候你就面临一个问题，如何喝到水？对我们来说，这个问题非常小；而对你们来说，显然大得多。但是从结构的层面上讲，这两个问题其实遵循同样的规律：问题的根源在于愿望，不在于水管，水管只是问题的一部分。"

她回答说："可是你说想喝水是什么意思？这些人难道不是必须得喝水吗？喝不喝水不是一个可以自由选择的事情。"

我问："谁说他们必须喝水？"

"一个人要是不喝水就会死掉。"

我回答说："没错，你想活下去。你有抱负，有计划，有愿望。有的时候这些愿望能够实现，非常好。有的时候它们无法实现，于是你就有了问题。比如说你正在骑自行车，突然间轮胎爆了，这很让人懊恼。这是个问题。要想不遭遇这样的问题，也有一个非常有效的办法——不要有骑自行车的愿望。或者我们可以更进一步去思考，假如从来没有人发明过自行车，我们也就不会遇到自行车爆胎的问题了。

"生活中，在我们的愿望和现实之间总是存在这样不调和的关系，这意味着我们会不断地遇到问题。生活就是如此。如果你正年轻，已坠入爱河，真心希望开始一段感情，而且你成功了。好极了！但是，很快你就会意识到你会遇到各种各样的人际关系方面的问题。要想确保永远不会遇到人际关系问题，有一个非常简单的办法，那就是不要建立关系。如果你想尽量地减少遇到的问题，那就要尽量地缩减自己的愿望。如果你的需求很多，相应地，你遇到的问题也就会很多。只要我们想活下去，我们就会渴望一些东西；而只要我们渴望一些东西，我们就会生出很多烦恼，也就是问题。这些都很正常。重要的是要认识到，让我们把一些事实视作问题的，就是我们的愿望和需求。电梯本身只是电梯，管道本身只是管道，这些东西都没有额外的意义。只有当我们建立了与它们的关系，当我们有了愿望，有了需求，才赋予我们周围的世界以问题。每一个问题，其根源都是愿望。"

有的人以为我说这些话的目的是想表明我们能够或者甚至应该把现实视为没有问题的要素来看待，只要我们足够淡泊，只要我们无欲无求。实际上肯定不是这样的，我们总是不断地产生一些期待。当然我们也可以逃离这一切，去周游世界，坐在一块大石头上沉思，尝试完全逃离城市的生活，不去考虑周围的烦恼。也许我们也可以通过完全沉浸于此地此刻的事情，达到一种"心流"状态，暂时遗忘所有的问题。但是只要你渴了或者是需要去厕所，那么你就会受到问题的骚扰。另外，其实当你感到自己必须去找块大石头坐下来沉思，摆脱目前面临的烦扰时，你的努力就已经走偏了。也就是说如果你觉着自己必须有坐在大石头上沉思的经历，然后再坐下，那么你在坐下的时候就是心怀期待的。而那种感觉就会使你无法实现自己的目标。你会不断地评估自己的状态，看看自己是不是摆脱了烦扰，如此一来，结果肯定不会尽如人意。

上述这些话并不是要讽刺那些尝试尽快告别烦恼的人，而只是想强调，欲望是人之为人天然的、必不可少的一部分。一棵树，它自然地想要成长。同样道理，一个儿童总是渴望在雨中跳舞，一个年轻人总是渴望找到爱情，一个成年人想找到终身的伴侣，或是养育子女，或是在工作中出类拔萃。这些想法都没错。我们总是渴望一些事物，愿望、需求和远大的抱负成就了我们。这些东西是我们生命力的源泉，是使我们继续活下去的原因。但是只要我们心中有愿望，必然就会带来一个危机，即这些愿望可能无法被实现。就像欢乐、幸福和喜悦等一样，痛苦、悲伤、哀悼和失望也都是生命的一部分。但是对于这些，至关重要的是要认识到，我们之所以存在这些情绪，是因为我们有希冀，有渴望。这一认识跟普通人所认识到的生活机制是截然相反的。也正因如此，我们需要尝试翻转思维。

生活的现实往往跟我们的渴望和期待无法保持一致。如果开车的时候遇到堵车，我们就会认为堵车是一个问题。然而这只是一个事实。我们之所以视其为问题，是因为我们总是期待不会堵车。更进一步，大家会发现这一先天存在缺陷的视角阻碍了我们认识到这样一个现实，即我们也是堵车现象的一部分。

如果我们想采取一种"是的，而且"的方式生活，就必须采纳这样的一种思维方式。我们周围的现实所包含的仅仅是事实，不论我们生在这个世界的哪个地方、哪个时代，也不论我们的父母是谁，我们总是会经历一些困苦。一旦我们接受了生活并不公平这一事实，就可以把自己的关注点从情况不是怎样的以及应该是怎样的，转到事实如何以及情况可以发生怎样的转变这两点上来。或者正如萨特所说，"所谓自由就是针对你生活的现实，你该做何反应"。生活所给予你的一切已经无法改变，而面对这一切你该如何行动，正是本书要讨论的主题。

如果一切顺利怎么办
谈抗拒变革的问题

有一些人更愿意说"好的"，也有另外一些人更愿意说"不"。那些愿意说"好的"的人会获得冒险的机会，那些说"不"的人会获得安全感。

——即兴戏剧先驱　基思·约翰斯通（Keith Johnstone）

以色列有一家公司叫开普路（Kapro），这家公司多年来一直在生产同样的建筑工具。在一次研讨会上，他们想探讨一下如何拓展产品的范围。开普路公司生产的仪器里面有一种是水平仪，这种仪器可以被用来判断一个平面是否水平。几百年来，这种仪器的形式基本没有变过。仪器是一个长木条，中间装着一个小管子，管子里注了液体，液体中有一个气泡。如果仪器是倾斜的，液体中的气泡就会移动到边上。如果这个仪器完全水平，气泡就会位于中间。

在发明新仪器的时候，研讨会的参与者使用了倍增技术。这种技术很简单，我们需要做的就是把一个装置拆分为多个部件，把这些部件一一排列起来，然后根据每个部件的功能考虑如何使用它们，把它们的效用叠加起来。而水平仪只有两个部件，一个是长木条，另一个就是装了液体的管子。这时他们能做什么呢？难道增加长木条的数量？让所有的参与者感到惊奇的是，他们很快就得出了一个似乎很明显的解决方案，就是增加更多的管子，把这些管子按不同的角度放置在木条上。毕竟建筑工程中通常有一些按不同角度建的东西，比方说屋顶的斜坡。如果水平仪只能检测水平面，那么建筑工人在实际操作的时候，要想测量斜坡的斜度，就需要额外使用纸张或者砖块。这么做不仅很麻烦，而且结果也不准确。如果水平仪上有多个管子，按不同的角度放置，工人们就能够迅速地检查角度是否正确。借助这一发明，该公司开始生产全新一代的水平仪。他们的销售额在四年内增加了三倍。而且不久后，他们开始向美国和欧洲大量出口这种产品。通过使用这种简单的方法，他们就做出了一项发明，而此前人们等了这一方法几百年。

开普路公司的这个故事之所以吸引我们，有着多重原因，第一点，这个发明是如此地简单，而又如此地杰出。第二点，这个发明所引发的创新迅速取得了成功，而很多的发明往往要等待时机才能找到适应它的市场。第三点，也是最吸引我们的一点，那就是此前竟然一直没有人想到这个点子。真是太令人难以置信了！有那么多的建筑工人一直在使用传统的水平仪，为什么他们从来没有想过如何才能改进这种仪器呢？这个故事给我们的启示是，人们往往是不喜欢变化的。通常情况下，只有不得不做出改变的时候，我们才会改变。人类真的不喜欢变化。变化令人惧怕。表面上看来，变化似乎隐藏着危险。如果没有别的选择，那么好吧，我们可以采取行动。但是如果一切都进行得很顺利会怎样？在这种情况下，我们为什么要做出改变呢？所以对于想达到极致的人来说，最大威胁实际上是"差不多就行"这种想法。

假设我问大家"你们喜欢变化吗"，大家首先想到的是什么？如果要我回答，我会反问提问者。我是否会失去一些东西？我能否获得什么东西？除非我们知道我们讨论的变化具体是什么，否则我们会对此心存戒备。所有的变化都会引起我们的焦虑。如果一个变化违背了我们的意愿，没有获得我们的同意，我们就会对它心生反感，或者是心生愤怒，并且抗拒这种变化。当你谈论"变化"的时候，你指的是什么？对于变化，我们想自己做决定。

那么积极的变化怎么样呢？想想那种能够给你带来更大成功的变化，比如说去一家新的公司，换一份职级更高的工作。即便是面对这种变化，我们也往往喜忧参半。我们都知道要想成功必然会付出代价。比如说获得巨大财富这一点。进入富豪榜的人，大多数需要在家里安装非常高级的安保系统，因为这些人的家更容易被不法分子盯上。另外他们的工作也往往为他们带来了更大的压力，比方说工作时间很长、要经常出差，等等。

假设你购买彩票中了头奖，奖金是 1300 万英镑。起初的几天你肯定异常激动，但是当你洗净了香槟杯，摘下了装饰房间的彩带和气球之后，接下来会发生什么呢？手里攥着这么多钱，你准备怎么用呢？投资吗？你必须想明白如何投资。你是否会辞掉现在的工作？尤其是如果你确实喜欢当前的工作，你会怎么办？当然了，如果你不再需要通过工作赚钱，也许你就不那么喜欢这个工作了。如果你确实准备辞掉工作，那么你准备如何打发时间呢？研究结果表明，那些通过彩票赢得巨额奖金的人，由于会感受到非常大的压力，获奖者最初往往不那么幸福。

不管是赚了一大笔钱，还是买彩票赢了一大笔钱，通常在获得这种成功之时，人们也会面临很多变化。而这些变化意味着很多的不确定性，绝大多数人不喜欢的正是这种不确定性。以荷兰人为例，荷兰人大多喜欢稳定。荷兰是世界上购买保险最多的国家之一，一个事实就是直到 20 世纪 60 年代，人们还能购买到荷兰铁路系统出售的降雨保险。如果你在荷兰选择乘火车一日游，比方说去阿姆斯特丹，在你坐火车的这天，如果降雨量超过了保险上所确定的雨量，你就可以获得一定的赔偿。大家能想象这样的场景吗？在荷兰有的时候下了一天的大雨，你会看到火车站挤满了乘客在等待获

得降雨赔偿。或许人群中有不少人会因为当天的大雨而感到幸运！ ①

不喜欢不确定性会带来什么样的结果呢？ 咱们试一下，沿着逻辑看一看它所导致的具有讽刺性的结论。在这里我做一个简单的推理。如果成功能够导致不确定性，那么什么会导致确定性？ 没错，就是失败。可能正因为如此，当一个大型项目失败的时候，很多人会长舒一口气。他们会说："看见了吗？ 我早就知道会这样的。"如此一来事情就不会发生改变了。这就像一句老话调侃的："就算走路遇上鬼，最好也是遇上熟悉的鬼。"我们之所以渴望稳定，是因为我们认为稳定可以带来安全感，但也许正是不安定，才会带来这种安全感。比方说对于职业倦怠，人们做了很多的研究，在这些研究当中，人们考虑了诸如年龄、工作场所、性别、受教育水平以及工作类型等变量。研究表明，预示是否会引起职业倦怠的因素中，最突出的一项是某个人从事同样工作的年限。借用巴西作家保罗·柯艾略（Paulo Coelho）的话："如果你觉得冒险会带来危险，那试试按部就班、一成不变吧，后者简直是要人命的。"

显然人类从本质上讲是为变化和挑战而生的。可以说智

---

① 荷兰的存款利率极高。荷兰人喜欢把钱存在银行里。如何才能让一个荷兰人感到幸福呢？ 那就是给他提供 30 年的固定利率。

力上的变化对人的大脑是有益的，就像锻炼对身体是有益的一样。从我们的生活中清除掉变化和挑战，对我们的健康实际上是不利的。

现在我们再回到翻转思维上来。

追求稳定和翻转思维之间存在什么关系呢？

我们头脑中这种内在追求稳定和安全的倾向跟翻转思维的技巧是不相匹配的。

那些强迫自己尝试翻转思维的人会努力寻求变革，即便变化暂时是不必要的，就像前面所提到的水平仪的故事那样。翻转思维与颠覆是紧密相连的。这非常令人恐惧，但是不要忘了接受变革就有可能引发下一次飞跃，而且这个飞跃有可能是早就应该发生的。

反脆弱能力
反抗有助于成长

若想高飞，必遇阻力。

——林璎（设计师、雕塑家）[1]

20 世纪 60 年代的时候，澳大利亚有个运动员叫德里克·克莱顿（Derek Clayton），他可能是世界上最缺乏天赋的马拉松运动员了。他身高接近 190 厘米，摄氧量相对较低，这种体型对于长跑来说可算不上理想。为了弥补这个缺陷，他就比别人更努力地训练，每周约跑 250 千米。

最初，这种严苛的训练取得了一些成效，但到了某个时刻，他就碰到了一堵"墙"：他似乎达到了自己体能的表征极限。他的个人最好成绩是 2 小时 17 分，比世界纪录慢了 5 分钟还多，这意味着他无法与同时代的顶尖选手竞争。达到个人极限之后，即使他训练更加努力，也没能让成绩有所提高。1967 年，他在为参加日本福冈马拉松赛进行训练时，身体严重受伤。

---

[1] 林璎，1959 年 10 月 5 日出生于美国俄亥俄州阿森斯，籍贯福州，祖父林长民，姑母林徽因。——译者注

克莱顿被迫休息了一个月，让身体康复。那一个月过后，他意识到自己可能无法弥补训练上的损失，非常焦虑。他决定在福冈的比赛前再跑一次马拉松，以检验自己恢复得怎么样了。结果如何？令他惊讶（也令全世界惊讶）的是，在一个月没有训练的情况下，他跑出了个人最好成绩，比之前的最好成绩快了8分钟。克莱顿通过反向思维，成了历史上第一个在2小时10分钟以内跑完马拉松的人。他的秘密不在于专注于训练，而在于不训练。

在这个案例之后，体育界又出现了几十个类似的情况：运动员身体遭受伤病，但是康复之后变得比以前更强壮了。就好像，身体的康复过程对此前遭受的损伤进行了超额的补偿。

经济学家纳西姆·尼古拉斯·塔勒布（Nassim Nicholas Taleb）因其畅销书《黑天鹅》而蜚声国际。该书指出，一些看似极不可能的事件，往往会以戏剧性的方式塑造我们的生活。不过在他本人看来，《黑天鹅》之后出版的《反脆弱》一书才是他真正的得意之作。这本书是针对不确定性、风险以及一类错误所进行的哲学思考领域中成就最高的作品之一。在这本书中，他研究了人类缓解伤害以及应对无序和不可预测性的能力，他指出人类能够在经历这些困苦后变得更加强大。像这样能愈挫愈强的，既包括个人，也包括城市、经济体、菌落，甚至一些文化现象——这些都具有"反脆弱"的特性。它们不仅能适应环境，生存下去，还具有利用逆境作为进步手段的神奇能力。他用希腊神话中的怪物九头蛇"海德拉"来喻指反脆弱性：每当砍掉海德拉的一个头，就会有两个头在原位置处生长出来。

说到这里，大家可能会想，反脆弱性和翻转思维之间有什么关系呢？是这样的，一个有机体或一个系统可以从挫折中恢复过来，并且变得更加强大，这体现了翻转思维的特性——在未曾预期之处找到机会。反脆弱性的现象也给我们指出了一种有价值的策略，可以被应用在翻转思维中：有时，我们不应执着地强求解决一个问题，而是应该将其搁置，让反脆弱性的能力来帮我们解决问题。遇到这种棘手的问题，我们不需要干预，而是该住手时就住手，停止干预。有的时候这意味着我们应先站在一边，让事情自然地发展，也许问题就能自行得到解决。

大家在做力量训练的时候，实际上是在刻意地伤害自己的肌肉。这个例子很好地表明了好的压力所起的作用。通过负重给你的肌肉系统增加额外的负担，会在你的肌肉上造成很小的撕裂。结果怎样呢？你的肌体不仅能够修复这些撕裂，而且会生出更多的肌肉进行补偿。理疗医师将这称作"超额补偿"。大家需要注意且比较重要的一点是，肌肉的生长并不是在训练的同时发生的，在训练时只是发生了伤害，肌肉的生长是在之后每次训练的间隔期间发生的。

　　关于正向压力的另外一个例子，就是驾驶机动车的人通过一些分神的活动来使他们保持清醒。如果道路是笔直的，而且路上很空旷，那么驾驶员就很容易走神，甚至睡着。相反，如果人们把道路修得带有一些弯度，或者有一些车辆变道、从匝道上并入进来，驾驶员就能够保持清醒。在本章前面的部分我们提到过一个相似的效应，如果一个人从事某项工作的时间太长，他就会觉得这个工作不再具有挑战性，于是就更容易产生职业倦怠。在我们的职业生涯中，给工作添加一些紧张气氛，或者是一些不稳定性，会使我们更加投入地工作。

　　反脆弱性在我们生活中的另外一个表现就是所谓的"创伤后的生长"。此前人们对创伤所带来的压力进行了很多研究，但是现在心理学家越来越关注人们是如何从创伤中恢复过来的。荷兰莱顿大学的两个教授，马琳诺色·范·伊兹多恩（Marinus van IJzendoorn）和玛丽安·贝克曼斯－克莱恩伯格（Marian Bakermans–Kranenburg），跟以色列的多位科学家合作，对比了两组犹太人的数据。其中一组没有经历纳粹的大屠杀，而第二组人经历过。这项研究一共分析了 5.5 万人的数据，在进行这项研究的时候，大多数人已经离世。研究人员预期的结果是怎样的呢？他们本来预计那些经历过大屠杀而幸存下来的人，一般而言寿命不如另外一组的长。毕竟在纳粹大屠杀期间，他们曾经历了长期的压力环境，忍饥挨饿，缺医少药。但是研究人员惊讶地发现，结果跟他们的预期恰恰相反。那些经历纳粹大屠杀而幸存下来的人，平均寿命长了足足有半年 [1]。

严重的疾病、心爱之人的离世、丢掉工作或是严重的车祸，这些事件都是人生中的悲剧。然而用心理学家及创伤研究者理查德·特德斯基（Richard Tedeschi）的话来说，"这些悲剧往往也会播种下新生活的种子"。特德斯基强调，我们不必羡慕那些经历创伤的人。但是在他所写的书中，他记录称那些曾经跟他谈过自己的创伤性经历的人，几乎所有的人在经历过一段时期的痛苦之后，都有了某种更大的收获：对于他们自己以及周围的人，生活以及生活中的事，他们有了一种全新的、更平衡的视角。

关于创伤后的成长，来自纽约的精神病科医生威廉·布莱巴特（William Breitbart）说过如下一段话："承受痛苦是我们成长所必需的。寻找生命的意义是最重要的动力。但是有时候为了达到这一点，我们可能需要面对死亡这一不可避免的结局。"

有一些系统或者有机物或者生命体，在遭受挫折干扰或

---

① 我们反对战争，祈愿世界和平，憎恨毫无人性的大屠杀行为。举例仅为说明经历创伤后，有的人反而会迎来惊人的心理成长。——编者注

者无规律的情境之后，会变得更强壮。如果我们尝试去获得完美的稳定性，尝试去控制不确定性，有的时候会适得其反。如果我们尝试去除所有的风险，去创造完美的系统或者是机制，使得其中不再含有任何的不确定性和起伏变化，其结果往往是弊大于利，因为这样做会降低反脆弱性。

卡壳思维
人们善于把问题变成灾难

如果有个俱乐部希望把我变成他们的成员，那我反倒并不梦想着加入他们了。

——格劳乔·马克斯（Groucho Marx）

假设你有大量的工作要做，实际上是做不完的工作，这会是个问题。你必须大大地提升你的工作效率，尝试着用比实际需求更少的时间来做完所有的事。听上去很不错，而且你可能说问题解决了。但是你的老板可能会这样想："这个员工真不错，下回我会给他派更多的活。"

这种思维就陷入了我所说的"卡壳思维"的模式，这种思维模式恰好是翻转思维的反面。翻转思维会把问题变成机遇，而卡壳思维会把问题变成灾难。我们越是努力地解决一个问题，这个问题就会变得越严重。这就好比你的车子陷入淤泥里，你越是使劲踩油门，它陷得越深。

还有哪些做法是卡壳思维的表现呢？ 比如抱着柴火救火；气哼哼地使劲扯纠缠在一起的渔线；双脚陷入流沙，却拼命地挣扎，想拔出来；头上生了虱子，却想通过勤洗头来清除它们（实际上头虱喜欢干净的头发）；身上痒就使劲地挠；在某些社交场合逞匹夫之勇，这样做其实更有可能导致一些尴尬事件的发生，而这样一来又会导致你在参加下一次社交活动的时候更加焦虑。

但是这里我为什么要讨论一下卡壳思维，而不是仅仅集中精力探讨翻转思维呢？毕竟，这本书是探讨翻转思维的。这里面有两个比较重要的原因。其一，我们必须对卡壳思维保持警惕，这样才能避免陷入其中；陷入卡壳思维就像把大车放在马前头一样。我们必须首先把挡路的大车移开。如果已经陷入了卡壳思维无法前进，那么此时不论我们怎么想办法翻转也无济于事。

其二，卡壳思维不仅会使我们遇到的问题持续存在，它还经常给我们带来新的问题。这样依据逻辑，为了能针对这些问题展开翻转思维，我们就必须知道如何停止卡壳思维。

假设有这么一位老板，他总是希望自己的员工表现完美，一旦员工犯错，他就会火冒三丈。结果会如何？员工由于紧张会犯更多的错。那么让我们来假设一下，如果这个老板仍然希望获得完美的结果，但是他不再对员工发火，如此一来，员工就会放松一些，出的错也会减少。那么我们能说这个老板是通过翻转思维获得这样的结果的吗？他还没有实现翻转思维，尚未把一个问题转变为机遇。不过此时他已经挣脱了卡壳思维的锁链，他以及他的团队就能够继续放松，然后尝试着实现翻转思维。

那么该如何判断我们正处于卡壳思维模式中呢？我们已经充分地了解到人们有陷入卡壳思维的倾向，我们也已经读过很多的资料，知道了人们是如何陷入恶性循环的。饮食控制专家已经证明了当人们尝试节食的时候，会产生所谓的"悠悠球效应"，也就是体重会变得摇摆不定。经济学家总是警告我们不要陷入股票买卖的狂热。我们的日常语言中其实有很多的短语都跟卡壳思维有关——"才出龙潭，又入虎穴"以及"做无用功"等，这些都是典型的例子。

我们都有过这样的具有讽刺意味的经历，就是我们的所作所为，实际上正是我们希望自己能戒除的。比方说如果一个导演总是冲演员愤怒地大喊"要自然"，这些演员会有何反应呢？很可能他们的表演会更加僵硬。如果一位女性跟她的丈夫说"哪怕有那么一次，你能够在恰当的时机给我买一束花，我也会很高兴的"，她这么说就注定会继续失望下去。因为即使下一次她丈夫给她买了花，她也觉着对方不是主动买的，只是照她的指令行事。如果一位母亲跟她的孩子说"你必须学会独立"，这就等于是在先入为主地认为孩子不够独立。大家可以想想一些媒体的报道，它们谈论一些无关紧要的话题却获得了过多的关注。或者是想一想这样的场景，某位教授花了两个多小时，滔滔不绝地谈论互动性的对话有多么重要，却不给听众发言的机会。

　　所有这些例子都向我们表明，在我们处于卡壳思维模式的时候，我们往往并不自知。有一个关于鱼的故事是这么说的：当被问及它们身处的这片水怎么样的时候，鱼儿回答："什么水啊？"这个故事告诉我们，我们经常对自己的行为浑然不觉。因此我们在做事的时候经常会钻牛角尖。如果我们对自己说"我无法考虑这一点"，想借此来控制自己的思维，我们反而更放不下这个问题。如果你不停地告诫自己"当我上台做演示的时候，我必须放松"，你觉着效果如何呢？你会变得更加紧张。当你在床上像烙大饼一样翻来覆去好几小时时，你对自己说，"现在必须要睡着"，有用吗？另外大家可以考虑一下下面这个悖论：有人说自己太忙了，没有时间感受职业倦怠——实际上他们已经在经历职业倦怠了。最后我再问大家一个问题，如果爱你的人并不是因为你本来是怎样的而爱你，你会怎么想？这种发现是不是会让你很有挫败感？那么那些不爱你的人是否就能正确地认识你呢？这种想法恐怕更让你有挫败感。

　　不过这里我还是想强调一下，要想学会翻转思维，比较重要的一点是不要把卡壳思维本身视作"坏的"或"错的"。我们都会经常且不可避免地陷入这种思维。我们并不因为陷入这种思维模式就是坏人或做错了，这只是因为我们的大脑就是这样工作的。我们应该学会的是不要因为这一点而苛责自己，也不应该因此而针对自己展开审判。如果我们因为自己陷入了卡壳思维模式而苛责自己，就等于把自己浸入这种"思维之水"，我们有必要尝试理解卡壳思维的机制，这样我们就能够在这个过程中主动加以干预，然后选择翻转思维。

虽然卡壳思维很容易被定义（它指的是把问题变成灾难的这种思维模式），但是我们却很难发现自己是否陷入这种思维模式了。

通常情况下，如果一些问题不会引起反推的效应，我们就会用完全符合逻辑的方式来处理它。我们可以想象一下这种情景：幼儿园的老师为了让全体学生注意到自己，会提高嗓门，而孩子们就有可能因此而加大嗓门。如果这个老师没有经验，就会尝试用更大的嗓门说话，而孩子们也会提高音量；如此循环下来，整个班级就乱套了。老师和孩子们构成了一个有着负面反馈的恶性循环，这就好像贪吃蛇咬住了自己的尾巴一样。系统论对于这种反馈有一个非常棒的术语——"补偿性反馈"；有时候补偿性反馈会加重问题，而有时候只会让问题回到原点。就好像我们把一个塑料瓶子捏扁，放在一边，过一会儿捏扁的地方又会弹回来，塑料瓶将恢复原状。在上述案例中，我们针对一个问题所尝试的解决方案，会被反向的反应所抵消，你会回到问题的原点。

学会识别自己是否处于补偿性反馈之中，是我们前往翻转性思维旅途上的一个重要的行李。开车的司机跟车上的安全气囊就会形成一种补偿性反馈系统。怎么会这样？ 背后的逻辑是司机觉得汽车有安全气囊，安全性增加，他开车可能就更不小心了。与之相似，把一些山区的土路铺装上沥青，就有可能增加这些路上的事故量。因为铺设好的道路会让司机觉得行车更加安全。安装了节能灯泡的家庭，更有可能让灯常亮着；而购买了节能洗衣机的人，更有可能一次只洗少量的衣物。

有的时候补偿性反馈不容易被发现。比方说有一家公司的 CEO（首席执行官）跟员工说他们不应该超时工作过度劳累，但是这些员工都知道，CEO 自己每周都会工作 60 小时。由于 CEO 所给出的负面榜样作用，他所说的话也就没有什么效力了。

当我们处于这种负面的反馈过程中的时候，之所以难以进行判断，是因为反馈往往是延迟的。我们重新思考一下塑料瓶的例子。有的时候一个凹陷并不会立即弹回来，而是要过上一会儿，等你都不再注意它的时候，才会突然听到"砰"的一声，你发现瓶子恢复原状了。我们也可以考虑这样的场景：一家汽车公司为了促进销售，在第四季度给出非常诱人的折扣。效果非常棒，整年的销售都会得到提升，全公司都能好好地过个年。人们打开香槟庆祝业绩，然后每个人都出去度假，为整年的销售业绩感到自豪。但是转过年来，第一个季度的销售额会很惨淡。不仅如此，长此以往，打折的积极效应就会越来越弱，趋近于无。因为买家会期待每年的年末公司都会打折促销，这样他们就会持币待购。

有的时候补偿性反馈需要数年的时间才会显示出明显的后果，美国曾经实行的禁酒令就是这样的。美国内战结束之后不久，酒精滥用的问题显示出来，人们认为它弊大于利，因为饮酒会带来更多的事故、家庭暴力以及失业等问题。戒酒运动一开始是有效的，政府关闭了一些酒吧，但是随着戒酒运动声势的壮大，人们开始呼吁全面禁酒。1920 年 1 月 16 日，美国国会通过了相关法律，禁止生产销售一切酒精类饮料。酒精的消费量一下子就降到了之前水平的三分之一。犯罪率下降，经济水平有了提升。即便是那些死硬的反对派，也就是所谓的饮酒派，也承认禁酒令取得了巨大的成功。但是随后局势发生了变化，禁酒令的负面效应开始显现。在药房里，持有医生的处方是可以买到酒精的，结果是出现了价值数百万美元的虚假销售。除此以外，美国出现了酒精饮料的黑市，这又进一步使得有组织的犯罪事件激增，而且"黑帮"赚得盆满钵满。后来人们甚至发现，就连中小学里也出现了偷卖酒精饮料的团伙。这时终止禁酒令的呼声就盖过了支持的声音。到了 1933 年，禁酒令被废除了。

我们都生在一个复杂的世界，而这个世界正变得越发复杂。曾经多次获奖的医学家刘易斯·托马斯（Lewis Thomas）在评价系统的复杂性时曾说："当我们面对的是一个复杂的社会系统时，我们不能够直接迈步进去，然后就动手开始进行各种调整，希望这些手段会起到好的作用。这一认识是我们这个世纪经过很多社会实验之后所获得的令人心痛的结论。"在尝试解决一个问题的时候如何避免意料之外的效果，需要我们充分理解推理中所产生的那些经典错误。

解决这种问题的第一种办法是直接无视它，假装它不存在。面对一个问题，我们最基本的反应就是希望没有这个问题。有的时候我们能够将问题消除，但是在复杂的系统中，我们这么做往往会引发反抗的行为，结果适得其反。

这样一来，本来看上去似乎是解决方案的，反而会变成新的问题。而最可悲的是陷入到这种自导自演的戏剧的那些参与者，往往看不到事态的整体情况。比方说有一个人谈恋爱了，但是他感觉对方跟自己总是保持着距离。解决方案是什么？那就是更亲近一些。他们应该更多地坐在沙发上拥抱一下，多交谈。但是在这种情况下，越是想达到自己期待的解决结果，反而会造成更多、更大的新问题。那就是他们的恋爱对象会越来越觉着他们黏人，缺乏独立性，还会感觉自己缺乏个人的空间。于是对方就会采取巧妙的解决方法——通过跑出去打台球来保持距离。恋爱的双方都以为自己找到了很好的解决方法，但是用不了多久，比方说过上一年半载的，他们的这个方案带来的结果可能便不会让他们满意。一方会抗议，说另一方常常不在家；而另外一方则会觉着他们变得更加黏人了。这样的一种循环会反复出现，而且讽刺的是这种情形持续的时间越长，恋爱中的双方就越难发现其中的问题。许多人之所以在谈恋爱的时候每次都会遇到类似的情形，恐怕就是出于这个原因。

在这种错误的思维模式的背后，其实有一种非常有效的解决问题的方案。不仅如此，它甚至直接引发工业革命并带来随之而来的所有的好处。具体而言就是"因果思维法"。这种思维模式假设在因和果之间是有着直接的联系的，因此这种思维方式也被称作"线性思维"。在因果论中一个基本的假设就是每一个问题都有其原因，而通过诊断我们就能够发现这一原因。如果诊断正确，我们就能够通过一种设计精当的处理方案来解决问题。对于一些单因素因果关系问题，比如说你的轮胎瘪了，处理过程非常有效：找到并补上漏气的点，轮胎就好了。

通过这种方法，人类已经解决了大量的问题。一个人的腿断了，怎么办？打石膏。细菌感染了怎么办？吃抗生素。洪水泛滥怎么办？建筑堤坝。这个办法真的是太方便了。我们甚至可以说几乎人类的整个文明史都是依此而建立起来的。但是对于更为复杂的系统，这种思维方式有它的局限性，有的时候甚至会带来负面的结果。大家只需要考虑一下婚姻，就能明白这一点，因为在婚姻中有着大量会影响二人关系的因素，包括职业上的抱负，是否想要孩子，对于幸福的认识，双方之间是否相互尊重，跟双方家庭和朋友之间的关系怎样，等等。如此一来，如果两个人的婚姻出现了问题，几乎不可能明确找到根本原因。在婚姻问题中起作用的总是多个因素的组合，但是我们又特别倾向于找到其中的缘由，比方说他有外遇了，二人互相看不上了，二人的性格不合等。好的婚姻咨询师知道，问题往往不在这些方面，他会给婚姻双方指出，他们的问题往往不是其中某一方的问题，而是在于两个人共同建立起来的复杂行为模式。这种模式是两个人经过多年磨合建立起来的，要想弄清楚其中的关键，需要一个更为复杂的分析过程，而不是仅仅找到其中的缘由那么简单。现代社会，人类面临的一个悲哀的局面，就是我们需要面对越来越多的高度复杂的问题，比如说全球变暖，这个问题就有着多方面的原因。

所以说有很多此类的归因错误会导致卡壳思维。比如说治标不治本，这种做法就有点像听到心脏监护仪发出警报，为了解决问题直接拔掉机器电源。另外一种错误就是认为通过罚款能够杜绝不好的行为。比方说在以色列那些日托托儿所的管理者，为了让父母都能按时来接孩子，会让迟到的家长交罚款。结果如何？有更多的家长会在接孩子的时候迟到。怎么会出现这样的结果？这是因为孩子的父母认为通过交罚款，他们获得了迟到的合法性。另外一种情况也很常见，即心里担心某个问题可能出现，这种担忧反而导致了问题的出现。这个现象被称作是"自我实现预言"。比如说假设有一些父母担心他们的儿子会不听话，他们会不断检查他的所作所为，问他有没有学习，最近在干什么。结果儿子就会越来越反感，反而变得不听话。

人们在尝试用卡壳思维模式解决问题的时候，往往带来意想不到的负面结果，这种例子简直不胜枚举。我们再举最后一个例子，一个潜在的房子买家针对一处房产列出了所有的负面因素，希望借此来压价。结果如何呢？房屋经纪人后来给他出了更高的价格。这是怎么回事？因为这个房屋经纪人特别有经验，他知道只有那些真正有购买意图的人才会不辞辛苦地做这样的调查。

从这些卡壳思维模式的案例中，我们能得到什么样的教训？教训还真不少。首先我们需要谨慎行事，不要匆忙认定我们的解决方案获得了成功，大张旗鼓地庆贺。有可能内在的问题仍然存在，我们所解决的只是表面的问题，假以时日，这个问题很可能还会卷土重来。此外，有的时候过于卖力地去解决一个问题，反而会使局面变得更糟。因为我们所给出的解决方案也会成为问题的一部分。如果你感觉到自己是在推着一块巨石上山，或者正在做无用功，要赶紧停下来思考一下：这当中你所遭遇的反向力量是什么？这个系统到底是在何处产生了抗拒？抗拒的原因是什么？先停止解决问题的行为。在很多情况下，仅仅是停止行动，就解决一半的问题了。

其次就是在评估一个问题的时候，你要充分考虑整个系统的复杂性。在这种情况下，你就不会仅仅尝试找一个简单的基于因果分析的结果。借用混沌理论先驱爱德华·洛伦兹（Edward Lorenz）的话说："巴西的一只蝴蝶扇动翅膀，有可能在数月之后引起得克萨斯的一场龙卷风。"贸然干预一个复杂系统的运行，有可能导致各种意想不到的后果。

最后一点就是过于冲动地采取行动，几乎总是导致卡壳思维。很快在本书中我会跟大家说明翻转思维要求我们不仅要有创造性，还要有耐心。

那么有没有好消息？ 有。如果我们意识到自己是针对某个特殊的形式陷入了卡壳思维，这也往往表明我们可以对其采取翻转思维的办法。比方说开红酒的时候，如果你发现自己刚才拧反了开酒器，你就可以马上改变方向，把瓶塞拔出来。所谓的翻转思维仅仅是把此前的卡壳思维的做法反过来。为了说明这一点，我们重新考虑一下上文提到的关系出了问题的那对恋人吧：其中的一方希望两个人共度更多的美好时光，而另外一方希望获得更多的个人空间。打破负面反馈循环的办法有可能会非常简单，同时也可能充满矛盾，因为翻转思维总是包含矛盾的因素。这两个人任何一方都可以主动采取行动，而不必管对方如何行动。比方说希望获得更多空间的男方，可以抱怨两个人见面的机会太少，然后使劲约女方出去，或者给她发很多的短信和电子邮件，女方就有可能觉得自己也需要一些个人空间，结果就会不耐烦地告诉男方"你还是出去打你的台球吧"。反过来，类似的措施也会生效。希望两个人能更多地共度美好时光的女方可以抱怨说她觉着自己需要离开他单独待一段时间，或者是跟他宣布她想出去露营两周，而且是跟一个叫克里斯的朋友一起。（克里斯是谁呢？男方可能会琢磨："到底是不是普通朋友？"）当她出去之后，女方可以连续多天不给他打电话。等女方最终回家之后，男方很可能更愿意多跟她待一会儿。

当然了，这种打破惯有模式的干预方案，不一定能保证双方获得幸福。但是一直维持一种非建设性的关系，大概率不会幸福。

四个问题
如何在正确的时间问正确的问题

复杂性即简单性质之缺乏。

—— 爱 德 华 · 德 · 波 诺 （Edward de Bono）
《简单性艺术》

在启程踏上我们的翻转思维之旅之前，还有最后一个也是至关重要的见解需要跟大家分享：并非所有的问题都会有或者能有翻转思维方式。其中的窍门就在于知道哪些问题能够进行翻转思维以及何时进行。为了帮助大家进行判断，我开发了翻转思维的四个提问。每当大家遇到问题的时候，都可以使用这四个问题，注意要按顺序使用，把这四问当成一个检查清单，来评估一下如何处理眼前的问题。这四个问题如下。

目前的问题是什么？
它确实是个问题吗？
你本人有没有问题？
问题是不是被刻意造出来的？

问题 1：目前的问题是什么

　　这第一个问题，表面看上去非常简单。然而，真正认清一个问题，往往比表面上看起来更困难，而且可能困难得多。大家还记得吗？我前面说过问题总是包含现实和期待这两方面的不一致。要想准确地定义一个问题，其关键就是要能够同时准确地定义实际情形是什么以及你的期待是什么。这一点真的是说起来容易做起来难。假设你的问题是"我的儿子太活跃了，搞得我很头痛"，你可以试着把这个问题拆解开，分解成你的期待，即"我希望能有一点点安静"，以及一个事实，即"我的儿子一天到晚在屋子里上蹿下跳"。但是如此拆分仍然是对局面的一个过于简单的描述，导致各种问题还都没有得到回答。这个男孩子究竟有多活跃？你具体是怎样定义"太活跃"的？你又是怎样定义"安静"的？他在学校里也这么活跃吗？他是在饭后才这么活跃吗？他的睡眠好不好？你的伴侣是不是也认为这个孩子太活跃了？简而言之，只有当你能够充分详细地描述问题的时候，才能开始尝试解决它。

　　假设现在你开始更严肃认真地看待你的儿子有多么活跃这个问题时，你可能发现跟绝大多数同龄的孩子相比，他其实算不上太活跃。或者也有可能是这样一种情形，你之所以总觉着孩子有问题，是因为你只是下意识地想找他的缺点。

这样你就可以向自己证明或者向别人证明你关心他，是一个充满爱心的父亲或母亲。如果确实是这一种情况，那么你应该立即尝试回答下一个新的问题——做一个好的父母到底意味着什么？不论是上述的第一种情况还是第二种情况，最初的问题都烟消云散了。仔细地回想一下，你会发现那个问题本来是不存在的。那个问题原本是一个被定义得非常模糊的，而且最终表明是被虚构出来的问题。

　　注意，当我说描述问题的时候，你需要对它进行"充分描述"。我精心选择了这个词，因为如果说要求你对这个问题进行"全面描述"，那么实际上"全面"不仅不可能，而且也是不必要的。我们倾向于认为自己能够找到任何特定问题的成因或原因。当然了，我们所受的教育就是让我们这样认为的。上学的时候，老师会问我们一些问题，比如问："某个集团最终分裂了，其中最重要的三个原因是什么？"这样的问题真是极大地简化了世界大环境局势；就好像这个世界是个钟表，能精密地运行着，而我们则能为任何事件都提供一个机械的解释。但是正如我们此前已经认识到的那样，问题往往出自复杂的系统，而在复杂系统中有太多的变量相互作用。一个老板可能羞辱了他的员工，这个员工回家冲配偶大发雷霆，他的配偶冲着孩子大喊大叫，孩子踢了他们家的狗，家里的狗又咬了家里的猫。在各种系统当中存在各种各样的"涟漪效应"。所以在描述问题的时候，我们只须给予足够的描述即可，而不需要面面俱到。

在处理令人痛苦的问题时，记住这一点尤其重要。对于那些最令我们痛苦的问题，我们总是倾向于穷尽所有的可能性，寻找相应的解释。这种搜寻不管听起来有多么合理，实际上这种做法往往是一种下意识的尝试，好让人能够避免针对实际的问题做出任何反应。毕竟，实际的情形是，你都不知道到底是什么原因导致了问题，你怎么还期待自己能解决它呢？正因如此，很多人可能花费数年的时间学习如何改变生活的课程或者是进行相关的治疗，但是总体的结果不乐观，基本上很难取得进展。

所以我们做一下限制，仅仅尝试针对问题给出充分的解释即可。然后我们就开始考虑下一个问题：针对这个问题，你认为自己能够或者应该做什么？实际上，我们只有三个好的选择：第一，解决这个问题。第二，搁置问题。第三，通过翻转思维解决问题。并不是所有的问题都需要通过翻转思维来解决。比方说如果你的车子爆胎了，那么你可以进行翻转思维，然后告诉自己"好吧，这样我今天就不用去健身房了"；你同样也可以修好轮胎——直截了当地解决问题，没有什么错，而且这往往是最佳的策略。但是有的问题很可能过于复杂，而且这种情形不少见，没有办法通过翻转思维来解决。此时你就需要启用第三个办法：搁置问题。

比方说你住的地方旁边就是个机场，飞机起降的噪声对你着实是一种干扰，但是你又没有办法搬家。在这种情况下，你所面对的问题就是那种既无法直接解决，也无法通过翻转思维解决的。噪声影响到你，在这个事实中我们找不到任何的机遇。那么，搁置不管怎么样呢？我的意思并不是说你把这个问题搁置在一边，它就不再干扰你了——不是这个意思。我的意思是说你应该停止尝试去寻求任何的解决方案。你只是接受这样一个现实：你有一个问题，而针对这个问题你无可奈何。至关重要的一点是，你要明白这并不等于不对这个问题采取任何措施。很多人会这么认为，但实际上并非如此。放手搁置是一种确定性的决策，让自己接受这个问题的存在。如果没有达到这一步，这个问题就会持续不断地给你施加压力。在你的大脑当中会有一个微弱的声音不断地骚扰你，告诉你这个问题不解决你会变得越来越苦恼，越来越懊丧。但是一旦你放手了，把它搁置在一边，时间久了，它作用在你身上的效应就会减弱。时间一长，再有飞机起降，你就不会那么生气了。

总结一下，一旦你充分地描述了这个问题，就可以自问自己能否解决它。如果可以，非常好，那就解决它，这个问题就会消失。如果不能，就问自己能不能通过翻转思维来解决，还是必须得放手。只有当你认为这个问题可以通过翻转思维来解决时，你再继续尝试回答第二个问题。

问题 2：它确实是个问题吗

　　我们提出的第二个问题与面临问题的紧急程度有关。这个问题到底是非常紧迫，还是仅仅是个小问题。人类的大脑特别善于把芝麻大点儿事放大，让它变得像一座山那么大。我们特别喜欢抱怨，说手头有一大堆的问题，而且不论我们往哪儿看，总是能发现问题。比方说下雨了，这是不是个问题？我们真的需要关注这个事情吗？当然了，这个问题很简单。比如你经常跟家里十来岁的女儿有严重的冲突，这件事能有多糟糕呢？我们总是希望生活中一切都是完美的，虽然这不可能。比起我们所看到的一连串的问题，这种倾向是不是一个更为严重的问题呢？难道我们不应该把日常的这些很小的、令人烦恼的事情或不方便之处，看作是生活中自然的一部分吗？心理学家杰弗里·维因伯格写道："仅仅是感到满意，突然间已经变得不够了。于是很多的夫妻在交流中刚刚出现一点小问题，就马上想咨询心理专家的意见。"大家不要误解我的意思，我承认夫妻双方的交流问题是婚姻中最重要的因素。对这种问题，我们最好是一笑置之，而不是把它视作问题。已婚人士往往忽略了一点，那就是在这个世界上能找到另外一半，愿意跟自己生活在同一个屋檐下，简直是再幸运不过的一件事了。单单为这件事，他们就应该心存感激。每当你抱怨婚姻出了问题的时候，不妨想一想这个世界上还有多少孤独的灵魂，那些人就连想找个吵架的人都找不到。

诀窍是要学会判断哪些是小的忧虑。对于这些小的忧虑，只要不过于关注，它们就会自行消失。儿子吸烟了？好吧，但是只有这一次，下不为例。谁会关心这一点？他要是什么都不愿意试一试，反而会更让我担忧。你养的猫把家里的沙发侧面的皮子给抓破了，这是一场灾难吗？不是，当然不是。这些都是日常的一些小烦恼，是平常所发生的一些琐事。生活中自然总会有这样琐事的。俗话说得好："人生苦短，烂事太多。"

从本质上讲，我们有能力判断哪些是真正的大问题，比如遇到伴随着挥之不去的疼痛的慢性疾病，或者是某个心爱的人骤然离世，或是孩子病了，等等。这些跟那些无关紧要的事有着天壤之别。如此一来，回答好第二个问题就能够帮我们节省大量的时间，免去很多的烦恼。但是对于提出的第二个问题，如果你的答案是"是的"，而且你对自己的判断很有信心，那么我们就应该尝试回答第三个问题。

问题 3：你本人有没有问题

这是四个问题中最难回答的一个。不管什么时候，当我们面临一个问题的时候，我们都会认为这个问题是来自我们自身之外的外部世界的，问题是降临到自己头上的，而不是从自己内部产生出来的。但是基于我们对卡壳思维的分析，现在我们知道了内心的一些期待实际上是某个问题的基本的组成部分，有的时候它们本身就是问题的全部。好消息是我们能够调节自己的预期。比方说对于自己的小儿子，你不要老是希望他能安静地玩耍，而是可以希望他能更"生龙活虎"一些。所以，通过调整我们的期待，很多问题可以烟消云散。

同样的理念也适用于我们的行为。我们的行动常常构成了我们的问题。大家可能不太愿意承认这一点，但是实际上，有的时候针对一个想象中的问题，只要我们停止手头正在做的事情，这件事会自然而然地消失。

问题4：问题是不是被刻意造出来的

如果我们的问题已经历经了前三个提问，我们就必须尝试对它进行翻转了。此时这个问题就是实实在在的问题，因此就有可能提供解决的方案。此时我们可以把自己的精力从对抗这个问题转移到如何利用它潜在的可能性这方面上来。我认为这是一种反直觉的提问法，这种方法也是翻转思维中的魔法问题，也就是问："这个问题是不是被刻意造出来的？"乍一看这个问题似乎很荒谬。一个需要解决的问题怎么能是被刻意制造出来的？问题总归是让人烦恼的，对不对？但是通过自己问自己上述这个问题，我们可以脱离一种思维模式，即把问题看作我们不想要的东西的这种态度。第四个问题有助于激发我们的创造力，帮我们找到新的思路。

比方说在很多人的眼中，脱发是一个令人烦恼的问题，大家都不希望自己脱发。但是借助第四个问题——脱发怎么可能是刻意为之的呢？此时你就有可能忽然想明白学会接受脱发这一事实，并且觉着这样也蛮不错的。其实这种想法并没有多奇怪。试想一下，如果安德烈·阿加西（Andre Agassi）、道恩·强森（Dwayne Johnson）和迈克尔·乔丹（Michael Jordan）不是秃顶，他们还会这么有魅力吗？他们的"问题"成了他们要刻意达到的境界。

本书的下一个部分，我会跟大家介绍15种策略，帮助大家通过翻转思维把问题变为机遇。虽然每一种策略从根本上说，就是针对现实说"是的"，接受问题的存在，然后再继续向前寻找意想不到的可能性，但是这15种策略起效的方式是不同的，每一种都有更适用的场合。大家可以逐一评估它们，思考一下如何将其应用到自己的生活中，然后尝试给它们用武之地。希望大家能享受后面的旅程。

总结打包

此时我们的行装已备好，行囊里总共有七样物品。

接受现实

生活中有很多的事情是无法改变的，比如风在吹。不要在这样的事情上浪费精力，尝试改变它们。有人开玩笑说，接受不可改变的事物，有的时候会立即给我们带来新的机遇。

仔细观察

我们往往按照自己的期望看到东西，而不是看到实际上有什么。我们的观察其实是不完整的，有偏差的。毕竟事情的真相是翻转思维中最核心的一点，事实是问题和机遇之间的杠杆。

假设问题不存在

问题是"事实上有什么"以及"我们认为应当有什么"之间的这种紧张关系。我们所感受到的这种紧张关系是存在于梦想和现实之间的鸿沟。把窗户打开，睁开眼睛，仔细观察，把头脑中"应当怎样"这样先入为主的想法清空。现实只包含事实，而问题，大多是我们的头脑自行想象出来的。

学会承受压力和不稳定性

阻止我们实现翻转思维的最大障碍是我们心里是否感到满意。止步于差不多，往往阻碍我们达到极致。如果我们抱着一种不断革新的态度前进，将会更善于运用翻转思维。

利用好反脆弱性

人类生命体以及其他系统都具有反脆弱性。当面对逆境的时候，它们能够继续成长。它们能够接纳问题，甚至正是由于存在问题才实现了进步。在遭遇逆境的时候进行调整，是自然界中的物种代代相传的一种特性。利用反脆弱性的一个最有效的方法，是不干涉政策或称"无为"策略：让自我修复的能力自行产生奇迹。

停止卡壳思维

我们生活的世界充满了复杂的系统。在很多情况下，当我们尝试改变或调整时，会产生一种反作用力。其中的补偿性反馈会抵消我们做出的努力。反击有可能有延迟，有的时候甚至延迟好几年。另外反击也可能在系统中我们未曾预料的地方发生。我们在强行解决一个问题时，将陷入卡壳思维的模式，最终迎接我们的可能是一种相反的效应，比方说为了完成超额的工作而熬夜，其结果就是鼓励你的老板进一步增加你的工作量。翻转思维要求我们有识别卡壳思维模式的能力，并且能够阻止它。

四问法

并不是所有的问题都能够或者都需要通过翻转思维来解决。有些问题可以被径直解决，还有一些问题过于复杂，或者是说你对它施加的影响极其有限，最终结果就是你毫无选择，只能任凭它们存在。首先，针对我们的问题，我们得先回答三个提问：目前的问题是什么？它确实是个问题吗？我本人有没有问题？只有当我们回答了这三个问题之后，你才知道是否可以面对第四个问题：这个问题是不是被刻意造出来的？到了这一步我们就准备好了，可以进行翻转思维了。

第二部分

旅程

四种基本态度
爱、工作、战斗和游戏

若想仅凭一种基本态度来应对这个世界，那是有些天真了。有时，我们需要乐观，有时则需要坚持、创造力或者耐心。我将 15 种翻转思维策略分类，归为四种基本态度。它们分别是爱、工作、战斗和游戏，供你在面对现实问题时采用。

当你面对麻烦，想要运用翻转思维时，你始终要先问问自己：该采取什么态度？ 是需要爱与关注，还是要打起精神、准备战斗？ 是应该多下苦功夫，还是放轻松点，以一颗玩乐之心来做这件事？

不管在什么情况下，我们通常靠直觉就知道该选择哪种态度。我们会告诉自己，"放松点，不必太较真"，或者"可得铆足了劲儿"。相信自己的直觉——翻转思维是逻辑和直觉的结合。你只要弄清楚哪种态度最适合当下的情况，就可以选择一种行之有效的策略。

爱

　　运用以爱为出发点的策略时，需要注意以下几个前提：相信人本身具有的良好品质，认为当前环境中存在积极的机会，而且始终抱着乐观的信念，相信情况总是可以向着更好的方向变化的。运用以爱为出发点策略的核心在于接纳、和解和耐心。

接受策略

> 人们顺势而为时，
>
> 遇到的阻力最小。

　　《夺宝奇兵》(*Raiders of the Lost Ark*)是史蒂文·斯皮尔伯格(Steven Spielberg)执导的"印第安纳·琼斯"系列电影的第一部。按原定计划，哈里森·福特(Harrison Ford)饰演的印第安纳·琼斯应与袭击者有一场激烈的打斗。这场打戏本是影片的重头戏，计划拍摄三天。福特为了表演得尽可能逼真，提早好几周就开始练习剑术，熟悉动作，但偏偏在拍摄的第一天严重腹泻，无法完成这场打戏。好在他灵机一动，想出了一个妙招，建议斯皮尔伯格干脆取消这场打戏：气势汹汹的武士挥舞着大刀，印第安纳·琼斯叹了口气，拔出手枪，轻轻地扣下扳机，干净利落地解决了对方。这成就了电影史上的经典镜头，靠的正是翻转思维的巧妙运用！

排名首位的策略——也是最简单、最容易想到的，不过也可能是最难实行的，便是接受策略。心理学家卡尔·荣格（Carl Jung）曾说："除非我们接受现状，否则无法改变任何事。怨天尤人无法让自己得到解脱，只会让人心情更沉重。"要想用好接受策略，有一核心之问：有没有这样一件事情，我正在抵抗，但实际上我如果接受它，结果反而会更好？是风，是腹泻，还是我的情绪？印第安纳·琼斯的故事完美展示了这样一种情况：当我们不再抗拒那些自己无力改变的事情时，可能就会迎来新机会，而那些蒙着眼睛说不、固守自己脑中幻想世界的人，可能永远都发现不了这些机会。

接受策略能在 15 种策略中排名首位，绝非浪得虚名。你可以把接受看作所有策略的策略之母，它是翻转的支点。在许多情况下，仅是迈出接受现实这一步，就足以实现翻转。

想必不用我多说，各位也知道，接受这件事情说起来容易，做起来难。接受，意味着不再执着于自己认为"世界该是如何如何"，接受，还需要修炼心态。只要我们还在评判、苦恼、评估，推演出应该如何的场景，我们就没有真正接受。只有在没有这种规范性判断的情况下观察现实，我们才能真正地将其作为一个事实予以接受。以这种方式观察现实需要一种特殊的心态，可以用"关注"来形容它。关注的本质是，你努力活在当下，保持觉察，不去评判、评估现实，也不试图改变现实；没有需要解决的问题，没有需要关注的担忧，也没有需要关注的对过去或未来的反思，你只需要保持觉察意识。

接受不是件容易的事。人们一提起这个词，就不抱什么好印象，往往就会联想到顺从和屈服，好像接受就等同于软弱。人啊，总愿意表现得坚强、自信、独立，更愿意塑造现实，而非屈从于现实。但现实可比我们中的任何一个人都强大得多。我们明明只是广阔宇宙中的渺小颗粒，却常常表现得好像可以操控整个宇宙。无疑，事实并非如此。我们只是这个庞大体系中的一小部分，还是最脆弱的一部分。

人们觉得自己有操控现实、塑造现实的力量。可讽刺的是，这种幻觉反而使我们更加脆弱。我们投身于一场注定失败的抗争，竭尽全力抵抗命运的安排，最终画地为牢，在机会面前背过脸去，让自己隔绝于那些可能性。抵抗无法让我们变得更强大；反之，只有接受并适应现实，我们的力量才能得到提升。适应是一种关键的创造性力量，我们需要把握它并将其化为自己的优势。植物、动物、人类，自然界万物之所以呈现如今的样貌，都归功于它们惊人的适应能力。有人将达尔文的名言"适者生存"理解为"强者生存"，这其实与达尔文的原意有所出入。依据原观点，"适者"是指最能适应挑战的个体。动物只有通过调整自身以满足环境的要求，才能最大限度地保证生存优势。我们之前提到过，自然界具有反脆弱性，生长在干旱土壤中的植物会长出更深的根系，这就叫适应引领转变。

要想感受这种非评判状态带来的积极效果，途径之一就是抱着接纳之心去倾听他人。你愿意接纳人家的想法和感受，把自己这种真诚意愿展现出来，人家便看得到你的认可。认可也许能让小孩彻底地转变。育儿问题的根源，也是大多数社交、人际关系问题的根源，往往就在于人们感觉自己不被理解、不被聆听、不被认可。

一位临时教学主管就曾借助接受的力量，平复了手下教师的不满情绪，从而让教师团队接受自己的管理方式。他手下的教师抱作一团，已经陆续有几位向主管抱怨："我们当老师的不管说什么都没人听。"于是，主管叫上全体教师，专门开了一个会。他想接纳各位教师的负面情绪，聆听他们的意见，竭力洞察团队所面临的问题。会上，有位教师说："我们想获得更多信息，想让您做到公开透明。"这话引得在场教师纷纷赞同。主管便进一步询问："也就是说，你们想要看看预算？"有几位立即点头，嘴里念叨着"是的，是的"，但大多数人在摇头，说："不是。"接着，教师们围坐一圈，你一言我一语地讨论了起来。主管又问："或许，你们是想了解一下学校的新建筑，花了多少钱什么的。"又一次，教师们对这个问题的回答也没有达成一致。那么，这次开会的结果如何呢？教师的抵触情绪迅速消退下去。主管想的一点都没错，教师之所以抱怨不满，只是因为觉得无人倾听自己的声音。

接受的关键在于倾听。我听说过一位小伙子的经历，他利用了接受策略，进而与自己难缠的房东融洽相处。房东隔一段时间就上门来，大体问问租客住得怎么样，接着就开始大倒苦水，说自己做房东有这样那样的不容易，滔滔不绝。但等租客的公寓真出了什么问题，联系他维修时，他反而理都不理。你能怎么办呢？你当然想离这种人越远越好，但又需要和他处好关系。小伙子连着好几次都好说歹说把他打发走了，但下次还是避不开。最后，他决定花时间和房东正经聊聊。他给房东倒了杯咖啡，房东谈房产，谈租客，谈一切相关的事情，一吐为快。房东倾诉时，年轻人则点头表示认同，也间或提一两个问题，让对话不至于中止，也提到在城市里寻得理想住处实属不易。现在，三个月过去了，他们相处得很好。小伙子只要有什么需要的，都可以随时联系房东；房东也表示："你如果要换别处住，可得告诉我。我看看能不能给你找个好去处，还可以优惠呢！"

倾听是门技术，学起来并没有多难。凡是基础的沟通课程，几乎都会教授此类技巧：提几个问题，来表示你很感兴趣，赞同地点点头，时不时地附和两句；不要打断别人，允许偶尔的冷场；对你所听到的内容经常做些复述和总结，而且用自己的话说就好。不过，知道怎么做是一回事，好不好做又是另一回事，特别是当别人说的话很恼人，或与我们认为他们应该说的话相矛盾时，这些技巧就更难被运用。

接下来，我将通过几个案例，告诉你更多将矛盾转化为机遇的方法。刚开始讲的几个情况比较容易接受，但后面的会越来越难，最后一个基本上没人能受得了。请你边读边思考自己会如何处理这些问题，以及能否接受，能否适应？

在 1900 年前后，西方还没有茶包这种东西，茶叶都是散装的，被盛在造价高昂的罐子里。据说，纽约茶叶进口商托马斯·沙利文（Thomas Sullivan）面对激烈的竞争，出于节省成本的考虑，决定不再用罐子，而是用便宜得多的小丝袋包住样品茶，寄给买主。虽然沙利文只是想换种包装，但有几位客户来找他抱怨，说丝绸纹理过于细密，泡出来的茶水味不够浓。他这才知道，原来顾客在用丝绸袋泡茶，并换掉了原用的金属茶漏。沙利文没有纠正顾客，没提自己只是换了个包装，而是接受了他们拿丝绸袋泡水的做法，并换用了纹理更为疏薄的纱布，茶包这种产品就此诞生了。

这着实是个大好商机，而之所以能让沙利文撞上，靠的不过是他在客户说丝绸茶包不好用时，没有立即反驳。就是这么简单，却又非常不容易。接受机会是一门艺术，回顾过往人生，你让多少机会白白从眼前溜过了？ 我们都曾错失机会，原因各式各样，可能是因为担心遵循某个想法会给生活带来太多动荡，可能是因为不愿放弃现有的安稳工作，但更多是因为没能将所谓的"麻烦"视为机会。你可能会想，沙利文这小子靠的是好运气，是客户引导他想到了这个点子。这么想也没关系，我们来看下一个更有挑战性的案例。

假设你是一家企业老板，你的客户频频偷拿你的东西，你会如何应对？ 能接受吗？ 理查德·布兰森（Richard Branson）是维珍大西洋（Virgin Atlantic）航空公司的老板，凡是乘坐他家头等舱的乘客，随餐都能用到精致特别的食盐罐和胡椒粉罐。这两个小罐被设计成飞机的形状，以航空先驱莱特兄弟命名，分别叫"威尔伯"和"奥维尔"，广受乘客追捧。被追捧到什么程度呢？ 这么说吧，许多乘客忍不住让这些瓶子"不小心"掉进自己的手提行李里。

一批又一批的乘客把这些调料罐带走，公司要花很多钱来补货。维珍大西洋航空公司的财务部门提出，干脆不用这些罐子了，但布兰森并不认同：这些小玩意这么受人喜欢，干吗要取消呢？ 他没有取消使用这些小罐子，而是在调料罐上加了一行字——从维珍大西洋航空公司顺走的。结果怎么样？威尔伯和奥维尔还是会被偷走，不过却成就了该公司有史以来最成功的宣传活动。它们成了不错的纪念品，罐子上的这句俏皮话还引发了不少话题，对维珍大西洋航空公司起到宣传作用。这两个调味罐成为晚宴聚会上的有趣谈资，而维珍公司友好轻松的态度也为其特立独行的品牌形象增色不少。

好，咱们再提升一下难度。你有时无法改变人们的行为，但这些行为本身又很危险，你能接受这种情况吗？德国杜塞尔多夫（Düsseldorf）本拉特老年中心（Benrath Senior Centre）的工作人员就能。那里的不少老年人患有阿尔茨海默病，他们常常会离开老年中心，想要回到曾经的家中。但实际上，这些人往往已经无家可归了。当然，再怎么强调不许这样做，也起不了什么作用，毕竟这些老年人根本无法理解你的话。既然如此，工作人员会采取什么措施呢？他们比着公交车站的样子，在院子外面建了个一模一样的。这样，很容易就能找到跑出来的老人——就在"公交车站"呢。工作人员轻轻地走近他们，说公交车晚点了一会儿，邀请他们喝杯咖啡打发时间。过上个五分钟，老人就忘了要坐公交车这回事了。这个点子非常成功，引得欧洲各地的养老院纷纷效仿。

现在，我们来说说最难接受的事——爱人的背叛[1]。我有一位女性挚友，她与丈夫育有一女，却面临一个残酷事实——

[1] 正如作者后面说到的，这只是真实发生在他人生活中的一个事例，并不是什么建议。主人公的做法也非常极端，背叛是一种可耻的行为，一般并不值得被原谅。——编者注

另一位女士怀了她丈夫的孩子，并且，对方还计划生下这个孩子。她丈夫说自己同时爱着这两个女人。我敢说，100 对夫妻里有 95 对在遇上这类情况时，会爆发激烈冲突。大多数妻子要么会离开丈夫，要么会要求丈夫在她们之间做出选择。

　　我的朋友没有完全按照婚姻法、社会习俗的教导行事，而是深入思考了自己在生活中遵循的基本价值观和原则，意外地选择了"好的，而且"的生活方式。她决定维系住这个家，宽恕丈夫（她的丈夫为了获得原谅也付出了巨大的努力），接受他另有一个家庭的事实。这件事已经过去 20 多年了，现如今的她在回顾过去时，得出的结论是：尽管曾面临种种困难，当年的决定总归是正确的。

　　你可能会问："这个事例怎么能证明翻转思考的作用呢？"当然，这个故事是关乎接受的，但女主人公在哪里遇到了她的机遇呢？她的"好的，而且"中的"而且"是什么呢？其实，她自己一开始也没有看到"而且"。我的朋友曾告诉我："有两个家庭意味着他得把时间劈成两半，分给我们这个家和他另一个家。一开始，我觉得这全然是一个问题，用尽力气去忍受。但有一天，我独自坐在家里，想到在接下来的三天里，只有我和女儿在家，突然意识到原来这就是我真正想过的生活。我一下子想起，我俩在结婚时就达成过共识，即在婚姻中仍然可以各自过自己的生活。这也是我俩当初慎重考虑后，决定只生一个孩子的原因。我还回想起，当初执意坚持这么做的人明明是我。他本来想多生几个孩子的，但我却觉得，夫妻俩天天彼此捆绑在一起、伺候孩子伺候到全天候待命的婚姻简直是太压抑了。想到这儿，我猛然意识到自己过上了一直以来想要的生活。真是想不到哇！也有人对我说：'你确实是自由了，但现在整个家里只剩下你一个人照看女儿了，他轻轻松松就甩掉了育儿的担子。'说这些的人并不懂，这也正是我最想要的。我一直很享受和女儿独处的时光。我也不会因为照顾女儿而腾不出时间去社交，我和她总是能想到协调出时间来的办法。至于他轻松摆脱了育儿责任？我可不这么觉得。他的育儿担子可比我重多了，甚至直到今天，也是他更辛苦一些。"

这个例子相当极端。当然，我可不是在这里劝各位都去"接受"伴侣的背叛，相反，我个人认为在感情里最不能容忍的就是背叛。但是对于这个故事里的这位女士而言，她选择的这个策略效果着实帮她走出了心理困境。不过，这只是真实发生在他人生活中的一个事例，并不是什么建议。翻转思维就在于此：打破预设，单单参考你的渴望、需求和目标，另寻一条思考、行动的路径。你若想翻转思维，就不要纠结于世界"应该"如何如何，而要始终想着世界"可以"变成怎样。你不必想出什么普适的解决方案，只需要想出一个适合你个人的、合法的、适用于解决你当前所面临困扰的就好了。

我得声明一下，接受并不总是最佳选择。有时，你就应该勇敢说'不'，不然就会让人家觉得你可以任人欺负。不过，各位也得承认，当我们选择接受，适应现实并抓住眼前的可能性，不再钻牛角尖、固执地认为事物应该如何如何时，神奇的事情就会发生：许许多多的麻烦也许摇身一变，成为机遇。

等待策略

> 有时，你若想开辟条出路，得先等待。
>
> 不过，什么也不做，往往是最难做到的事情。

在中国，有个自古流传至今的寓言故事。有个农民意外获得了一匹野马，别的村民看到后都说："你真是好福气啊！"农民回答："谁知道是祸是福呢？"后来，农民的大儿子想要驯服这匹野马，却不慎从马背上摔下来，还摔折了腿。知道这事儿的村民都说："你家可真够倒霉的！"农民又回答："谁知道是祸是福呢？"又过了一阵子，战争爆发了，军队来到了村子，要求村里壮丁全部入伍。农民的儿子由于折了一条腿，侥幸逃过一劫。村民又说："真是好福气！"农民的回答还是："谁知道是祸是福呢？"

一件事发生了，到底是祸是福，往往取决于具体情况。等待策略就立足于这种观点。世界永不停止运转，有些麻烦只在此刻算麻烦，等情况发生变化，很快就会变为新机会。接受现状，并调整我们的应对方式，进而翻转现实，这是翻转思维最纯粹的表现形式，同时也是最完美、最不言自明、最自然的应对现实的方式。顺应现实，等待时机，仅此而已。此法的美妙之处就在于，推动情况改善的并不是你，而是时间。

拿埃菲尔铁塔举例。1889 年巴黎举办世界博览会，为此，政府决定建造一座标志性的建筑来作为本次博览会的入口，由此便建成了埃菲尔铁塔。铁塔在博览会期间很受好评，但博览会一过，进去观光游玩的游客人数陡然减少，到最后甚至一个人也没有了，就算政府降低门票价格也吸引不了游客。巴黎人打一开始就看不惯这座 1063 英尺[①] 高的塔，如今见它没用了，就更是受不了它的存在了。他们认为这座巨大的"怪物"独霸天际线，与巴黎其他的建筑群格格不入。不过，埃菲尔铁塔确实有一处妙用：建得很高，若被用作通信塔，简直是再合适不过了。于是，巴黎人便在铁塔上装了无线电天线。多年过去了，埃菲尔铁塔从未经受过任何改造，依然如最初建成时那般，屹立在巴黎，却已然成为了这座城市的地标建筑和旅游打卡胜地，每年吸引约 600 万名游客。

"无为"是来自道家的哲学术语，大致意思是：不过度干

---

① 1 英尺约为 0.3048 米。

预，顺其自然。乍一听像是置身事外，什么都不管，但实际上指的是有意识地主动选择什么都不做。例如，一位足球裁判看到有球员犯规时，可以选择不立即吹哨，因为，此时被犯规动作侵犯的队伍正处于不错的得分位置，一旦比赛因犯规而中止，该队会失去原有的优势。这就是足球赛中常说的优势规则。裁判先允许比赛继续下去，稍后再判罚犯规的一方。在这种情况下，裁判本该吹哨，却没有吹哨，他做了什么吗，还是什么都没做呢？答案是二者兼有，他在等待。

实施等待策略，看似是被动地等事情发生变化，实际上却要求你时刻保持警觉。等待是门艺术，其精髓是了解采取行动的时机何时到来。你可以将实施等待策略视作与现实共舞；在跳这支舞时，跟随现实的步调比引领整场舞蹈的节奏更重要。等待策略的诀窍在于感知事态的走向，与当下的事况保持同步，时刻留意周围涌动的暗流，顺势而为。用好该策略的另一个要求是，精确把握时机。等待，往往非常考验耐心。想想农夫收割麦子，如果选择的时机过早，麦子会熟不透；但如果等得太晚，麦子变得干瘪，产量就会大大减少。当你精妙地运用等待策略时，你便如同一个明智的农夫，把握住了最佳收获时机。

遇到问题时，我们往往习惯于尽早采取行动，而非刻意等待，这是人的天性使然。我们想要挽起袖子，迎难而上，直击问题。这让我们心里多了几分把握，好像一切都在自己的掌控之中。然而，格罗宁根大学（University of Groningen）的领导力教授加布里埃尔·安东尼奥（Gabriël Anthonio）曾对此发表如下洞见：

"有人会在面临困境时，出于麻木或是忽视，选择什么都不做。这并非我们此处所讨论的情况。在我们谈论的"无为"状态之中，你需要集中精力去看、去听、去观察事态的发展。即使你还没有投入行动，用心观察恰恰能让你更深入地理解和处理问题。在这种状态里，你持开放的心态去思考问题，不掺入任何偏见或主观预设。你不需要撰写什么报告，也不需要采取什么行动，唯一需要做的就是关注，仅此而已。我具备作为管理者和专业人士的经验，依据这些经验，我发现要想解决问题，只需要真真切切地、正儿八经地关注它就好。许多问题都可以这样得到解决，其中不乏特别复杂的问题。尤其是那些我们确实不知道解决方案（至少目前还不知道）的问题，更是得走这条路。不过，由于现代人对"掌控感"的需求，或者其他源于焦虑或恐惧的冲动，人们往往还是选择早点介入。然而，身处其中的人都深知，这起不到任何改善作用；这种对解决方案的强迫性思考和随之采取的行动甚至可能引发新的问题……你会发现，关注问题具有独特的力量。不用你做什么，问题往往可以被自行解决。"

可惜，通过有意地不采取行动来应对问题这种做法，并没有得到应有的重视。人们之所以受到嘉奖，往往是因为他们做了些什么，而非"无为"；之所以有人给我们发奖金，往往是因为他们目睹我们做了某事，并且认为我们取得的进展值得一定数额的金钱奖励，这样可能导致一些不合理的结果。

因此，为了鼓励更多人做出明智的选择——无为，我们需要在一定程度上改变现有的奖励框架。传说，在古代，村里的医生每月都可以从健康的村民那里领到固定的酬劳，而医生的责任则是提供关于营养和运动方面的建议，确保村里人的健康。如果有村民生病了，医生就没有酬劳可领了。这个例子可以给我们提供一点思路。

里卡多·塞姆勒（Ricardo Semler）是巴西著名公司塞氏公司（Semco SA）的董事及所有者，他十分擅长耐心静待事态自然发展。塞姆勒在他的《七日周末》（*The Seven-Day Weekend*）一书中讲到过公司的一位秘书。这位秘书之前是位挺好相处的同事，后来却变得暴躁易怒，给身边的人造成极大的困扰。她与同事争吵，恶意散布谣言，常常在办公室里大发脾气。也有人想和她谈谈，劝她多少改变一下作风，但都没有成功。这件事后来传到了塞姆勒耳中，猜猜他做了什么？他什么都没做，或者说他做的唯一一件事就是观察和等待。渐渐地，那位秘书的行为不再那么恶劣了，办公室的气氛也因此变得和谐。没人知道她为何性情大变，又为何重回正常，她自己可能都不清楚原因。但是，原因重要吗？有时，不插手就是最好的办法。

塞姆勒相信，公司应该多给员工自由决定的空间。他实行了一种比较极端的员工民主制度，尽可能地消除官僚作风。塞氏公司里没有人力资源部门，他甚至认为，如果一名管理者需要人力资源部门协助才能做好管理，那么他的能力一定不过关。公司不做组织架构图，没有公司宗旨或使命宣言，也不会强制员工参加某个会议。如果开某个会的时候，一个员工都没有出现，那说明这个会本身并不必要。在这里，员工可以决定自己的工作时间、薪资甚至选择自己的上级。你可能会问，这样的话公司不会乱作一团吗？恰恰相反，公司员工数达 3000 人，员工离职率非常低；到塞姆勒 2003 年出版那本书的时候，公司营收已从 400 万美元增至 2.5 亿美元；塞氏公司还轻松度过了 2008 年的金融危机。如今，塞姆勒在世界各地巡回演讲，分享他的领导理念。

为什么等待策略的效果这么好？其实，这和创造力的运行机制有相通之处。如果你想找到崭新的机会（当然，本书主要就讲这个），但在当下又没有思路，不妨先放一放，做点别的事，自然而然地就能找到解决办法。不少科学研究都证实了这一点，比如，得克萨斯农工大学（Texas A&M University）的史蒂文·史密斯（Steven Smith）教授做过一个实验，他让两组受试者猜谜，一组可以中途休息，另一组则不可以。

结果显示，可以中途休息的那一组的解谜速度明显更快，并且休息时间越长，解谜速度越快。如果研究人员在分发题目的时候给出提示，中途休息那一组的效率会比不休息那一组快得更多。

虽然所有受试者都得到了相同的提示，但有休息时间的那一组能更好地利用它们。实验结果表明，信息通常需要在潜意识中经过一定的加工，或者说，经过一段时间的孵化才能发挥作用。

不知你是否有过这种经历：苦苦思考一个难题，怎么都想不通答案，突然灵光一现，答案自己蹦到了你的脑子里。不少文章都曾探讨过这种现象。这些有趣的文章都强调，等待非常重要。想要好想法，你得花时间构思。如果想充分发挥潜意识的作用，让大脑在我们并不完全意识到的情况下解决问题，我们该怎么做呢？尽可能详尽地了解问题，然后休息休息。睡个觉，洗个澡，散个步，或者发会儿呆，都行。这时，潜意识就像一台在后台高速运转的网络服务器，嗡嗡地运行复杂计算。突然，一个好点子就不知从何处飞入我们的脑海。许多科学家和艺术家都曾提及自己灵光乍现的经历，他们产生创意的流程莫不如此：大脑接到任务；大脑暂停工作，开始休息；嗖地一下，灵感涌现。

1986 年诺贝尔生理学或医学奖得主丽塔·列维－蒙塔尔奇尼（Rita Levi-Montalcini）曾描述过这种经历："你没有

刻意研究某个问题，但心里还是一直挂念着，就这么过了段时间，突然一天，脑海中仿佛闪过一道光，你突然看见了答案。"1973 年诺贝尔生理学或医学奖获奖者康拉德·劳伦兹（Konrad Lorenz）同样强调了等待很重要，他说："把人类已有的知识想象成一块块悬浮着的拼图碎片，每块拼图都会在恰当的时机落下、填补到合适的位置。如果你强行把悬浮着的拼图按下，组合在一起，就不会拼成什么好作品。你需要施加一种神秘的压力，然后放松下来，只等"叮"的一声，答案就出现了。"数学家、哲学家乔治·斯宾塞–布朗（George Spencer-Brown）在他的著作《形式定律》（*Laws of Form*）中写道："要想找到最简单的真理……需要多年的沉思，而不需要活动，不需要推理，不需要计算，不需要过于繁杂的工作，不需要阅读，不需要交谈，不需要费力。你只需要记住你需要知道的东西。"

　　法国数学家亨利·庞加莱（Henri Poincaré）提到过，有一次，他遇到了一个棘手的问题，思来想去都解不出答案，于是放下了手头的工作，出门几天后，竟然一下子就解开了那道难题。他说："旅行有旅行的事要做，我就没再想数学的事。我们到了库唐斯后，坐上了一辆公共汽车，计划前往下一个目的地。我一只脚刚踏上车，解题思路就嗖地一下出现在我的脑海中。"莫扎特也说起过类似的经历：他本来在放松地散着步，或躺在床上一时无法入睡，这时往往会有首新曲子涌入他的脑海。莫扎特还特地强调，涌入脑海的不是一小段，而是整个乐曲。爱因斯坦也说过，他最了不起的几个想法就是在发呆或者洗澡的时候蹦出来的。

我们前几年的时候，还把潜意识看成黑漆漆的地窖，那里容纳着人类绝大多数未经处理的经历和创伤。但心理学在近些年有所发展，人们对潜意识的认识发生了巨大转变。神经学研究表明：人类绝大多数的思考都发生在潜意识内。专攻潜意识研究的荷兰社会心理学教授阿普·迪克特赫斯（Ap Dijksterhuis）指出，人类在思考时，意识与潜意识的使用比例达到了 1：200 000，这一数字是十分惊人的。用跑步来打个比方，这个比例就相当于，意识刚挪了一米，潜意识已经从英国伦敦一路冲刺，抵达了巴斯。

人不必刻意思考，就能完成极为复杂的事务。比如说，开车的时候，我们可以一连出神几分钟，等到有自行车或小孩靠近马路的时候，才一下子回过神来。在这种情景下，有个问题值得一想：我们怎么会忽然回过神来，难不成是有哪路神仙指引？最不可能的就是意识，因为出神的时候，意识还没有接管我们的身体呢。同样，又是什么让庞加莱在上公交车时灵光一现、想到问题的答案呢？显然，他靠的不是深思熟虑，毕竟，他当时并没有在思考，妙主意来自庞加莱的潜意识。学着相信这电光石火之间迸发出来的智慧，也许可以获得取之不尽、用之不竭的创意。

等待策略做起来确实没什么难的，但另一方面，人又很难按住自己解决问题的冲动，所以等待也没有看上去那么容易。常想想那位中国古代农夫的故事：塞翁失马，焉知非福。

放大策略

> 发明第一个车轱辘的人是个傻蛋，
>
> 而发明剩下三个的人，是个天才。
>
> ——席德·西泽（Sid Caesar）

有家公司开张后首次开展客户满意度调查，结果显示，93%的客户对公司的评价为"满意"或"非常满意"，那这家公司接下来该做什么呢？

第三大翻转思维策略——放大策略——关注进展，并思考如何进一步发挥优势。简而言之：看看干什么能行得通，坚持干下去。这一策略非常简单——或者正是因为它简单，我敢断定它是本书中最易被低估的策略。一是因为有很多人误认为简单等同于不高明；二是因为就算人们能够理解、应用这项策略，也往往由于过度关注不足之处，而忽视了自己做得好的地方。

再说回这份调查，7%的客户并不满意公司的服务，你可能会问："公司不应该去深挖客户为什么不满意，然后努力将满意度提高到 100% 吗？"这确实是一个思路，但试想，如果公司关注 93% 的用户，看看他们为什么满意，然后进一步发扬自己的长处，这会不会更好？ 你甚至可能发现，自己的某些无心之举碰巧抓住了顾客的心。

　　人们在尝试解决问题时，往往执着于摸清问题的起因。比如说，如果让你去给人治病，你往往会想先诊出病因，看看患者是不是感染了什么病毒或细菌，然后清除病灶。"识病—察源—除源—病愈"这种治病思路通常效果不错，大多数医生在大多数情况下也确实这么做。

　　然而，这种方法在你想挖掘新机会时就不好用了。探清过去为何失误无法保证未来的成功。或许我们可以换个思路来"治病"：找到那些携带病菌却没有表现出病症的人，研究他们的身体是如何抵抗病菌侵害的，思考我们可以得到哪些启发。成功有条捷径：不再执着于追问问题的源头，而是寻求启发。

　　运用放大策略，需要重新训练直觉。人们坚信：遇到问题时，务必得找出原因，甚至在没有什么问题的时候，也得反思不足。比如说，明明满意率达 93% 已经是相当好的成绩了，却还非得揪着剩下的 7% 不撒手。因此，如果有人关注自己做得好的地方，而非不足之处，我们大概率认为这人头脑简单且不够负责。我们往往抵触这种做法，会说："看看做得好的地方？得了吧，瞅瞅你这边的大窟窿，我们还是先把窟窿补上吧！"

我们再来想想这种探究问题根源的冲动从何而来。心理治疗师及焦点解决疗法创始人史蒂夫·德·沙泽尔（Steve de Shazer）曾精准阐明其中的推理错误："问题的根源可能很复杂，但这并不意味着解决问题的方案也同样复杂。"也就是说，成功秘诀往往并非在问题诱因的对立面。然而，人们偏偏理解不到这一点，总觉得只要自己知道了不应怎么做，也就知道了应该怎么做。这句话乍一听似乎很有道理，其实不然。想要做好一件事，单靠了解错误的做法还远远不够。否则，你岂不是只需要了解滑雪中的事故，就能拿到奥运会滑雪冠军了？

不放过弱点、补足短处是种美德。这种做法常被奉为健康的自我批评或自我提升，甚至催生了一个涵盖各类书籍、各路专家咨询和各种讨论会的完整产业。人们往往认为，比起关注已有的才能，补齐短板更令人敬佩。当然，审视不足、查清事态进展不顺的缘由不是什么做不得的事，你得遵循一个前提——不能因前者而忽视进展顺利的方面。

要想帮助盲人，当然要关注他们做不了什么、做不惯什么，开发相应的辅助工具。但除此之外，你还可以鼓励他们关注自己能做什么，这就是翻转思维后想出的法子。人失去视觉后，其他的感官会变得更敏锐。比如说，阅读盲文能训练出敏锐的触觉。德国妇产科医生弗兰克·霍夫曼（Frank

Hoffmann）发起的"发现之手"（Discovering Hands）项目，就别出心裁地看中了视障人士这项本领，它通过给视障女性做培训，教她们如何诊断早期乳腺癌。结果怎么样呢？凭借自己的超敏触觉，这些女性可以感知到 4 ~ 6 毫米的肿瘤，而视觉正常的医生，就算接受过完善的专业训练，通常也只能发现 1 ~ 2 厘米大小的。早诊断出来还是晚诊断出来，肿瘤长没长这几毫米，这可都是关乎人命的事情。奥地利乔安妮姆研究所（Joanneum Research）2022 年的调查显示，"发现之手"项目的视障触诊专家所发现的肿瘤数量，是视力正常的医生的两倍。由此可见，该项目前景可观得很。项目中的视障人士也能有所受益，有位参与者感叹："生平第一次，我不再被当作一个有生理缺陷的人，而是被看作有非凡才能的人。"

　　在心理学界，"着眼于机会的思维方式"研究尚处于起步阶段。马丁·塞利格曼（Martin Seligman）是积极心理学运动的领军人物。他指出，100 篇心理学论文中，能解释幸福的只有 1 篇，剩下的 99 篇要么讲不幸福，要么讨论不幸福的成因。心理学家和精神病学家动不动就把人的行为归因于病理状态——即使这些行为造就个人的成功。塞利格曼反对这种做法，还举了个例子来说明这些专家错得有多离谱：在这些人笔下，比尔·盖茨的绩效导向性格源自想要取得超越父亲成就的渴望，这种对于消极面的过度关注无疑将使机遇被忽视。塞利格曼评论道："只顾着消除所谓的精神病理，根本不会让人变得幸福，只会让人变得空洞。"因此，他坚决主张：心理学的核心问题不是"我们怎样忍受痛苦"，而是"我们如何创造幸福"。

运用放大策略，可以产生惊人的效果。罗伯特·罗森塔尔（Robert Rosenthal）与莱诺尔·雅各布森（Lenore Jacobson）在 1965 年做过一个著名的实验，研究了"放大"的力量，并在《课堂中的皮格马利翁效应》（*Pygmalion in the Classroom*）一书中详细记录了该实验。他们想研究教师期待和学生表现之间的关系。罗森塔尔和雅各布森列出了各个班级的学生名单，在每个孩子的名字旁边都加了一句评语，比如说，"玛丽非常聪明""约翰不太聪明"。这些评语都是他俩随口编出来的，和孩子本人的真实情况毫不相干。学年初，这些名单被发到班级教师的手里。研究发现，拿到名单的教师如果一开始就认为玛丽非常聪明——而她实际上天赋一般——就会对她报以期望，这也促使玛丽学得更好。反之，教师往往忽视评语为"不太聪明"的孩子，比如说，提问的频率低，眼神互动少，要求也不严。渐渐地，这些学生的表现开始下滑。罗森塔尔二人的研究引起了轰动，教师期待与学生表现之间的关联居然这么强烈，一些国家甚至禁止使用这种研究方法。

老师认为学生聪明，学生就表现得聪明，老师的想法得到了确认，学生就表现得更好，这构成了"放大"的上升螺旋，成为系统理论家所谓的"正反馈循环"的绝佳示范之一。另一示范是顾客好评有利于提升销量，时尚趋势得益于持续放大。在这些正反馈循环中，人们对系统持续施加微弱的干预，促使系统不断地自我放大，最终可能促成巨大变化。

系统理论家为了形象地说明这个放大过程，引用了一首法国儿歌。

儿歌讲了一个种有睡莲的池塘。睡莲的数量每天都会翻倍，到了第 30 天，池塘被覆盖得满满当当。那么，睡莲是在什么时候遮住半边池塘的呢？是的，在第 29 天！请再算算，在第 15 天，也就是这个过程一半的时候，睡莲覆盖了多大范围呢？你可能想不到，答案是 0.003%。在正反馈循环中，最初令人难以察觉的微小变化，最终可能成就不得了的结果。

请各位再换种方式，来欣赏其效果。一张像打印纸或报纸那么薄的纸（假设这张纸无限大），你觉得要将之对折多少次，才能让它的厚度能到达月球呢？你要知道，地球到月球的距离约为 384 000 公里。猜一下，是 100 次、1000 次，还是 1 万次？各位且猜着，我很快就会揭晓答案……

当然，也有下降螺旋，股市崩盘就是其中一个例子。股票价格一下跌，会有更多股民抛售股票，导致股价进一步下挫，突然间，人们开始纷纷抛售股票。放大效应在很长一段时间之内几乎无法显现出来，通常，某项重大进展看似凭空蹦了出来，实际上已经暗暗酝酿了一段时间。对于绝大部分用户而言，国际互联网似乎是在万维网和网站诞生后突然出现的事物。但它实际上历经多年研发，在进入大众视野之前，主要使用群体是技术极客。许多发明看似如此突然出现。第一个版本通常引起不了任何轰动，发展到一定节点时，迅速崛起，抢占了某类产品的全部市场份额。传真机面世后，不消半年，就没人再谈起电传打字机了；然后，计算机和电子邮件来了，传真机也同样难逃消亡的命运。盒式磁带的出现迅速取代了黑胶唱片，然后又被支持下载歌曲的 MP3 设备击垮，而后者也因 Spotify^① 等服务商而惨遭淘汰。在 1990 年之前，电信公司都对移动电话业务的前景不太看好，而如今，年仅八岁的小孩都能收到智能手机这样的圣诞礼物了，他们可以玩转各种应用程序，比父母都强。欧洲本来没什么廉价机票，可是到了几年前，人们突然就能只花 49 欧元就可以在荷兰与巴塞罗那之间往返了。这些"变革性"的转变实际上都是长期积累的结果，而我们大多数人只是没能看到其增长的过程而已。我们应该始终记住：睡莲生长了 15 天之后，仅能覆盖池塘的 0.003%。

那么，正反馈与翻转思维之间有何关联呢？ 这么说吧，强调积极因素可以在各个领域带来显著改善。只要人们一起

---

① 一个流媒体音乐服务平台。——编者注

工作和生活，无论在何处，他们都可以相互作用、形成系统，也就是说，对积极互动进行微弱、重复地放大，可以产生巨大的积极效应。管理大师汤姆·彼得斯（Tom Peters）对此持有如下看法。

积极强化具有一种有趣的特质。它不将事物从议程中剥离或剔除，而是把好事推至议程。我们普遍发现，大多数经理对于积极强化的价值知之甚少。他们要么不重视，要么觉得这种方法上不得台面或者不够"爷们儿"。

我的公司曾经为一所高中举办研讨会。我们问教职工最近哪些事情做得比较好，他们回答说，学校最近有个挺特别的事情，他们感觉自己做得挺出彩。有一个班的学生主要来自移民家庭，他们与教职工之间相处得相当不融洽。学生说自己受到了老师的轻视，而老师则认为学生抵触自己的教导。老师在处理这个班级的事务时，常常失去耐心，而学生则把这视为"老师瞧不起我们"的证据。双方的关系形成下降螺旋。老师决定尝试打破这一局面。他们达成共识，要在一个月内持续地真挚赞美这个班以及班内的每个学生。老师们绝不随口胡诌，而是真心认可学生的积极表现。短短两周，班级氛围完全改变了。学年结束时，一个男生自豪地对老师说："老师，你们很长时间没有教过我们这么好的学生了吧？"老师听后，连连点头称是。

可惜的是，我们中许多人都不能从容自然地给出积极反馈。人们打小就受到训练，习惯了关注消极面——比如说潜在的危险。想想那些从不放心的父母，他们在孩子耳边一遍遍絮叨"别碰这个""小心那个"。我们就这样学会了格外关注那些坏事。其中，"坏事"也包括人们自身的不足之处。人们总爱揪着自己有待改进的地方不放，往往也总爱抓着别人的缺点不放。不管是在家里，还是在工作中，情况都是如此。

我在为写本书做调研时，了解到一个非常精彩的故事。该故事关乎墨西哥雅芳（Avon Mexico）的公司文化转型。这个故事形象地说明：你如果只关注"哪里行不通"，想要通过找出失败的原因来解决问题，就可能陷入恶性循环；而如果着眼于"哪里行得通"，强化自己的优势，倒很有希望启动良性循环。

墨西哥雅芳公司曾连续多年深受投诉所困，投诉内容主要集中于三个方面——女性遭受职场性骚扰、公司文化推崇男性至上和女性无法突破职场天花板。公司曾请一家纽约的咨询公司来解决投诉问题，但并未获得预期中的进展，情况反而越来越糟糕：连续两年的培训做完了，投诉和诉讼的数量不减反增；员工都不喜欢这些培训项目，参加工作坊的人数大幅减少。咨询公司决定换个策略，在 1995 年找到了戴安娜·惠特尼（Diana Whitney）和大卫·L. 库珀里德（David L. Cooperrider），请他们来解决这个问题。惠特尼和库珀里德可是精通"欣赏式探询"技巧的专家，他们上来就关注雅芳做"好"了什么，他们提前放出消息称自己想要通过采访得知为什么有的男性雇员能和女性雇员合作得很顺利，请那些觉得男女之间合作顺畅的员工一男一女成对报名、接受采访。墨西哥雅芳一开始估计，报名的人最多也就十组，没想到响应的员工竟然有几百对。一组又一组的对话接连展开，墨西哥雅芳基于交流成果，提出了多个改进公司文化的提案，取得显著成效。什么成效呢？解决问题了吗？远远不止如此呢！墨西哥雅芳凭借其积极的文化转型，在 1997 年（也就是两年后），获得了女性促进会奖（Catalyst Award），被评为全国最适合女性工作的地方，这可是该公司头一次获得这份殊荣。

在未来，当你面临问题的时候，不妨试着关注积极面，并加强优势，说不定就能解决问题。比如，你想研究为什么有些人会犯罪，何不先关注绝大多数人遵纪守法的原因？

那么，何时运用放大策略最具成效呢？基本上有三种情况。这三种情况都可能催生"杠杆效应"——小小的"放大"撬动大大的转变。第一种情况，两股势力正达成微妙的平衡。想象一个保持着平衡的天平，只要在一头微微加码，天平就会明显倾向这一方。政治选举往往就是这样，微小的选票差额也可能决定胜负。

第二种情况，需要突变（突然的转变）。经过前期酝酿，变革的条件逐渐成熟，有一天，就像水在零摄氏度时迅速变成冰一样，突然达到某个临界点。创业变革就是一个很贴切的例子。

第三种情况，系统需要一条积极的反馈回路。比如说，表现持续低迷的球队在赢过一次后，突然开始连胜。原因在于：球迷反应热烈，媒体报道正面，队伍士气大振；队员由此在下一场比赛中更加卖力，又再次赢得比赛。如此正向循环。

我最后再说两点。

一是，多关注善举，而非一味批判恶行，反而能鼓励大众端正行为。拿美国亚利桑那州的"石化森林国家公园"举例，那里的游客曾经大肆偷走石化木，当作纪念品。为了阻止这种行为，公园曾贴出标语："每天都有小偷在破坏大家的文化遗产，他们一小块、一小块地偷走石化木，造成文化遗产年均流失 14 吨。"但是，贴出标语并没有终止偷盗行为。罗伯特·B. 西奥迪尼（Robert B. Cialdini）是一位心理学和市场营销学教授，专门研究说服的科学。他在 2002 年受邀找寻更有效的防窃妙方。他的团队认为，那些说明问题之严重、盗窃行为之频发的标语其实起了反作用。原因是，有些本没考虑过要拿走这些珍贵石化木的游客看到标语就会想：那么多人都拿了，我凭什么不拿呀？不拿白不拿！西奥迪尼和他的团队尝试换用不同的标语，发现"保护天然石化森林，请不要拿走石化木"这类标语的效果更好。游客一看标语就会想到：原来我不拿，就是在做一件了不起的大好事。由此，就没有那么多人偷石化木了。

　　二是，我要趁着自己还没忘再嘱咐大家一次：放大策略具有神奇的力量。回到之前提出的问题：对折一张纸，折多少下后，这张纸能到达月球？答案是，只需要折 42 下。实际上，对折 42 次堆起来的厚度，甚至比你到月球的距离还多出 55 804 公里，不可思议吧？就像睡莲呈指数型繁殖一样，一张纸明明就那么薄，乍一看根本不可能够到那么远。折叠 8 次后，厚度也只有 1 英寸 [①] 左右，折 16 次，也只能达到 21.5 英尺 [②]。但是，每折一次厚度就会翻倍，在折到第 40 次时，纸的厚度已经达到你与月球距离的四分之一，也就是说，折到第 41 次时，你就能达到地球到月球一半的距离了。瞧！再折一次，你就能够到月球啦！

尊重策略

　　　　　　　人们总对万般情形做好了准备，

　　唯独难以准备好的是——受到别人全然认真的对待。

　　大家都有过这样的经历：某些歌曲，或者说歌曲的某段

[①]　1 英寸 ≈ 2.54 厘米。

[②]　1 英尺 ≈ 30.48 厘米。

旋律在脑海里循环播放。你越是想让它停下来，它就越是占据你的思绪，惹得你心烦意乱。这些歌曲片段在音乐学中的学名为"耳虫"。阿姆斯特丹大学的音乐学家亨克扬·霍宁（Henkjan Honing）指出，所谓的"耳虫"，通常是歌曲中特别抓耳的片段，它们在简单的旋律和节奏之中融入了和谐的音乐张力，使得这些部分极易记住，让人忍不住哼唱起来。最好的处理方式并非强迫自己的大脑抵抗它们。霍宁的建议是：以毒攻毒，大声唱出来，从头唱到尾。这种方式似乎能化解歌曲中的音乐张力，让你的思绪摆脱"耳虫"的纠缠。

我们在前面已经讲到过，抵抗往往只会加重麻烦，而接受可以将麻烦转为机遇。"尊重策略"则又在接受的基础上往前迈了一步。"尊重策略"是"爱"策略群组中的第四个策略，也是最后一个策略，它有两个特点。首先，它总是关乎我们与另一个人或者另一群人之间的问题，涉及人与人之间的互动。其次，这个策略不仅仅在于接受某个人的某种行为，更在于以一种让对方完全意识到你接受他们的方式，参与这种行为。所以，你不仅要发自内心地接受这个人，更要展现出你对对方的接受，以示尊重。

下面是我朋友的故事。杨（Jan）是教育培训领域的专家，他告诉我："在我经常去做培训的学校，有位女士非常和善，她见到我总会朝我打招呼。但是，我实在不太喜欢她的一个习惯，就是每当我马上要讲课的时候，她总会拿把除尘刷，想刷掉我大衣上的灰尘。实际上，我的大衣干净得很呢。其实这位女士也没冒犯我什么，只是她一这么做，就会让我想起我母亲，她老人家以前也爱这样做，想到自己总被当作一个小孩子对待，我就会有点恼。有一天清晨，我决定换个角度看待这个问题，假装很享受她这样做。在她刷过我的翻领之后，我转过身，提议道：'可以也帮我刷刷大衣背部吗？'她疑惑地看了看我，但还是愉快地答应了。这太好玩了，就好像你在理发店，理发师帮你刷掉衣服上的发渣一样。然后我又转过身，抬起了腿说道：'来，也帮我刷刷腿。'看我在开玩笑，她也觉得很有趣，兴高采烈地帮我刷掉了腿上的'灰尘'。还没等我做出其他请求，她就笑着叫停了这场游戏。"

这位朋友真是运用尊重策略的高手。几年前，他给女儿买了一只猫。然而，还没过一周，这只猫竟然把邻居池塘里的鱼给吃掉了，这完全出乎他的意料。邻居本来怒不可遏，但是一听我朋友说"哎呀，看来我们得收拾它一顿了"，立刻消了气，忙说："不用不用，倒也没有那么严重。"

"尊重"（respect）一词在不同的文化中有着不同的解释。在某些文化中，尊重意味着对老人、领导者或父母举止恭顺或尊敬，而在另一些文化中，则意味着言行一致、真诚待人。然而，我们如果分析这个英语单词的词根，就会发现它可以贴切地描述本节讨论的策略。"respect"源自拉丁语，由re（再次，回，重）和spectare（看，观察）组成。由此来看，尊重意为化身成他人的镜像，他人能在你身上看到自己的样子，感知你的理解和认可。

尊重的表现方式有多种多样，最基础的一种是认可。何为"认可"？你向他人表明自己接纳他们的想法和感受，接纳他们是什么样的人。不评价、不指责、不批判，全然接纳对方。而发自内心地接纳对方只是一个前提，在此基础上，你还要让对方明确感知到你的接纳。"爸爸真的非常爱你，只是没有说出来而已。"大家可能都说过以上这句话，而在这句话的语境下，你只有表现出自己的爱，比如，把爱说出口或者给孩子一个爱的抱抱，才能体现"认可"。认可是一种互动。

认可他人并不总是那么容易，当对方的行为存在问题时，认可就更难做到了。家庭治疗师提奥·维瑟（Téo Visser）曾为一个男孩提供咨询，这个男孩因为打破自家的窗户而被逮到警察局。维瑟回忆道："我不是警察局里的安全警卫，而是来帮助他的。我想了解这个男孩。我问他，'你之所以打破窗户，是想明确表明自己某种态度，对吧？'男孩原以为自己会挨训，没想到我会说这样的话。小家伙觉得自己得到了认可，就开始和我交谈。"这个男孩为什么这么做呢？原来，他家正因为家庭暴力而闹得一团糟。维瑟把自己了解到的情况告诉了警察，并一起去了男孩家。他说："我们走过破碎的窗户，来到房子里。一见到这家父母，我就祝贺他们有个顶好的儿子。"他当着这对父母的面清楚地说，打破窗户是男孩对家庭暴力的抗议，也是他对帮助的呼唤。维瑟最后说："倾听和理解是维持良好家庭关系的关键。责骂孩子，说他一无是处，压根无法解决问题。"

　　认可他人，不仅仅在于尊重他人的感受和想法，也在于尊重他们是怎么样的人。每个人都是独一无二的，脾气不同，性格不同，特质和技能也不同。认可他人，就意味着接纳他与你之间所有的差异，甚至要接纳他的怪癖。有位女士曾给我的公司写信，讲述她与儿子的故事。这位女士多年来一直与儿子就是否有必要每天换洗内裤这个问题有激烈的争论，她13岁的儿子患有阿斯伯格综合征，他固执地认为完全没有必要每天换内裤，甚至觉得一条内裤连续穿五天以上也没什么问题。除此之外，儿子对内裤的样式也挑剔得很。有一天，母亲带儿子去买新的内裤，陪他走遍了几乎所有店铺，但他一个都没看上眼。这位母亲差点就要放弃了，决定再逛最后一家店，你猜这对母子找到了什么呢？一组七件装的内裤，七条内裤分别印有周一到周日英文单词的首字母。问题一下子解决了！这些内裤满足了儿子按照固定模式安排生活的需求。从那以后，他变得十分自觉，每天都会高高兴兴地换上一条干净的内裤。

另一种表达尊重的方式，是干脆满足他人的需求。这种做法往往能产生颠覆性的效果——尤其是当你所给予的超出他人预期的时候。

当别人向你提一些在你看来不合适、奇怪甚至恼人的请求时，你的第一反应可能是干脆利落地喊"不行"。但如果你在此时发自内心地回答"好呀"，你可能感到非常痛快，甚至比提出请求的人还要开心。一位老师巧妙地使用了这种策略来管教了不受她管束的学生，她还向我分享了这个案例。这位老师回忆道："几年前，我在一所特殊教育学校工作，班上有个男孩能打出很长的嗝。他大约每五分钟就会打一次嗝，别的孩子都觉得很有意思，纷纷效仿。最后，打嗝甚至变成一项课上游戏。"

这位老师说："我不喜欢打嗝，直白点说，我很讨厌打嗝。但是再怎么强调不许打嗝，都没有任何效果，发脾气或者惩罚打嗝的孩子也没用。"后来，她想出了一个主意，那就是每周五下午举行一次打嗝比赛。谁打嗝打得最长，谁就可以喝到一杯汽水，而其他孩子只能喝蔬菜汁。"从那之后，在整整一个学年里，再也没有任何一个孩子在上课时突然打嗝了。他们只在周五下午两点半到两点四十的比赛期间打嗝。我也跟着学会了打长嗝的技巧，真是收获满满呐！"

当然，对于那些不合理的要求，出人意料地说"好"，也会产生深远的影响。比如，德国施瓦内韦德（Schwanewede）市的一个抢劫犯选中了一户人家，他破门而入，把手枪抵在保姆的脑袋上，威胁她交出钱来。这家的两个小孩子见状连忙捧出来了自己的存钱罐。

抢劫犯看到这一幕后呆住了，把手枪放回口袋，转身离开，没有再说一句话。

尊重策略的第三种形式是：在嘴上附和别人的观点，在心里保留异议。如果我们把人与人之间的交谈看作一场心理搏斗，采用尊重策略就仿佛使上了柔术技巧，通常具有超乎寻常的效果。这一策略之所以有力量，在于一个事实：人们说出来的，往往并非他们真正的想法，或者他们本人也没有意识到，自己的言论会让听者感到不适。你一旦利用了他人话语本意和实效之间的矛盾，就像在他们的话和真实想法之间插入一根撬棍，轻轻一撬，也许能扭转局面。

怎样应用这种形式的尊重策略呢？一起来看个例子吧。一位妈妈需要同时照看十岁的寄养儿子和三岁的亲生儿子。两个男孩之间虽说有七岁的年龄差，但一直相处得很好。然而，寄养在她身边的儿子有一天突然说："我如果能换一个家住，或者回到我真正的妈妈身边，那该有多好呀。这样我就不用再忍受这个讨人厌的小弟弟了。"这位妈妈听到后心如刀割。寄养儿子怎么会这么想呢？他和弟弟明明玩得很开心呀？可她只是抿了抿嘴，并没有反驳。当天晚些时候，她哄寄养儿子睡觉，在床边说："弟弟这么烦人，你一定觉得很不开心吧。你这周别和他一起玩了，或许能喘口气。"寄养儿子瞪大了眼睛，下唇开始颤抖，眼里闪着泪光，说："不要，弟弟其实很可爱。明天还能不能再和弟弟一起玩呀？"

人们嘴上说的往往和心里想的不一样，一方面，可能是因为他们以为别人不会太拿自己的话当回事；另一方面，也可能是他们想让别人夸夸自己或寻求道德支持。试想一下，如果有人说"我觉得自己能力有限，做不到"，我们往往出于礼貌，张口就安慰道："你当然可以做到啦！"但回到现实，那人如果每次都想通过否定自己来获得你的鼓励，着实会令人疲于应对。下次，不妨认真对待他们所说的话。如果这个人说"我觉得自己做不到"，你就回答："嗯，这对你来说确实有点难了。"那他就会话锋一转，说自己其实也不是一定做不到，然后开始列举自己的长处。

如果有人当着你的面胡扯，那你就可以用这个策略来好好"对付"他。对方有心说瞎话时，你越是想讲道理，就越容易说不明白。有时候，顺着对方说效果反倒更好。比如，有位乘客不愿在飞机起飞时系安全带，空乘来询问原因，他给出理由："我是超人，我不会出事的。"空乘听到这句话后，脸上没有一点恼意，回应道："超人不会坐在这儿，超人靠自己就可以飞。"听了这番话，乘客没再说什么，而是笑着扣上了安全带。

　　运用尊重策略，也可以和别人建立情感上的紧密联结。2004 年，我在鹿特丹欧洲文化之都节（Rotterdam European Capital of Culture）上，和几个无家可归的人一起排演剧目，他们将在剧中讲述自己真实的生活经历。弗朗西斯卡（Francisca）是其中一名参演人员，你一眼就能看出来，她在排练时压力很大。有一天，弗朗西斯卡突然情绪爆发，一股脑儿地说出了困扰自己的事："我觉得你们准在背后议论我，我根本就融不进你们的圈子。"正常情况下，我们应该回复说："哪有这档子事，你别想多了。"但我当时却决定顺着她的话说："没错，我每天都给工作伙伴打电话议论你。对了，我还会每天都打给我母亲，和她说你的坏话。"弗朗西斯卡怒气冲冲地喊："你在捉弄我吗？"我回答："没错，我是在捉弄你。如果你非说'鸭子能上天'，那鸭子就能上天。你非得这么想，我能怎么办呢？"她没接话，我继续说："不信任他人，是一种心理状态。我说不准你为什么会这么想，这也不是我擅长的领域。但我说得准的是，就算今天闹了这么一大通，你也绝对是这个团队的一员。"我看着她明明情绪已经缓和，却还是甩着一张冷脸，决定再加把劲。"听着，我想帮你，"我说，"来，大家伙都聚在一起，每个人都说一个理由，讨论讨论弗朗西斯卡为什么合不来群。开始吧！"然后，大家各抒己见。"我觉得她很烦。"第一个人说。"我就是看她不顺眼，没别的原因。"第二个人说。轮到弗朗西斯卡时，我问："那么，你觉得弗朗西斯卡能留下吗？"她这时候已经明白了我的用意，一脸认真地说："我觉得，虽然她性格不怎么讨人喜欢，但我们还是应该给她一个机会。"语罢，团队里爆发一阵热烈的鼓掌声，弗朗西斯卡笑出声来。她留了下来，继续参演，用自己悲惨、感人又离奇的人生故事震撼了许多人。

尊重策略的最后一种应用形式，瞄准的是人们对于内部一致性的强烈心理需求。因为人们都愿意把自己看作逻辑严谨、思维连贯、头脑清醒的人，所以极度反感由他人指出自己行为与思想上的矛盾。

工作

如果你发现自己得使出狠劲、下定决心，才能解决某个问题，那就是时候用上工作类策略了。要是想用好此类翻转思维策略，你得投身实践，坚持不懈、百折不挠，不断地从试错中吸取教训。

坚持策略

你上一次犯下的错就是你最好的老师。

——拉尔夫·纳德（Ralph Nader）

电灯泡的问世，可不是拍拍脑袋的事。人类在 1800 年左右摸索出白炽电灯照明的原理，大约 40 年后，弧光灯才首次将巴黎协和广场照亮，而明亮耐用的白炽灯则要等到更晚才能问世。托马斯·爱迪生（Thomas Alva Edison）接受了时代的挑战，决定发明大众买得起、用得住的白炽灯泡。其实，安迪生若想实现这一目标，只要做出一项突破即可：找到更合适的灯丝材料，将电能高效地转化为光能。仅此而已。爱迪生从世界各地搜罗来成千上万种材料，甚至包括来自亚马孙河的各种芦苇和竹子。一时间，千奇百怪的原料堆满了他的实验室，这些原料都经过了同一道处理工序：工作人员将它们先一一碳化，再轻轻放入真空玻璃试管中，评估它们将电能转化为光能的效率。通常，还没等开启电源，这些材料就已经碎成渣了。爱迪生坚持用这种方式测试材料的性能，一测就是好几年，靠的纯粹是下苦力气。终于有一天，他试出了自己苦苦追寻的答案——碳化棉。现代电灯泡由此诞生。爱迪生曾这样描述自己多年来做的实验："我并没有失败。我只是发现了一万种行不通的方法。"

这句名言恰好揭示了坚持策略在何处运用了翻转思维——你通过实验来验证最初的想法，就算最后发现这个想法根本行不通，这个实验也算成功。

坚持策略承认，沿着严谨的逻辑、一步步推进，这样做往往不能解决问题。要想解决问题，你不能指望像算数一样用一下长除法或者加法就能求解；我们还巴不得它这么简单呢。爱迪生明白，人们若想找到对路的解决方案，就得不断地试，不断地做。"成就天才的，是1%的灵感，加99%的汗水。"

这句话正出自爱迪生之口。有一次，他和化学家马丁·罗萨诺夫（Martin Rosanoff）搭伙，想找出制作某种涂料的原料。爱迪生建议：要夜以继日地做实验，一直做到找出来。罗萨诺夫听完他的提议后，面露难色，急切地说道："爱迪生先生，我已经研究了四个月。所有的解决方案，只要靠点谱，我都试过了，但就是没有结果。"爱迪生回答："你知道你的问题在哪里吗？你试过了所有看起来合理的办法，可理性推断在这种情况下不起作用呀。"

如果眼前的问题顽固反复，你又隐约觉得翻转思维尚有可用武之地，这时，不妨去试试坚持策略。若你已经把所有靠谱的法子都使出来了，又明白解决方案不会自己跳到你眼前，那么你必须主动地寻找它。你已经被推到了这样一个紧要关口，耳边有个声音在回荡："别傻站着，行动起来，做点什么。"于是，你咬牙尝试，结果谁又能说得准呢。

拿亲密关系来举个例子。假如你和爱人总闹别扭，或者你们的感情生活过于平淡，没有一点新鲜感，你会怎么办？假如你们试着认真谈过，甚至做过感情咨询，但都不起作用，你会放弃这段感情，转身离开吗？其实，你可以试点新花样，就算这些新花样看起来不怎么靠谱，也没关系，大胆去试就好。试着分开住一段时间，试着一起度个假，甚至还可以试一试分手。你无论做什么样的尝试，都出于自己想要施加突然干预的意愿。你不再走老路，而是大胆试错①。新方法奏效了？太好了，继续用下去！新方法也没用？那就再换个试试。或许，你们慢慢就会发现彼此之间燃起了新的火花，亲密关系由此重焕生机。至于到底为什么会有好效果，你可能自己都不清楚。不过，反正你已经找到门路，解决了问题。过程理不理得清，又有什么重要的呢？

你也可以用试错法来拯救一家公司。例如，一家企业发展渐颓，效益越来越差。如果你是这家公司的老板，你可能会深入分析，调查问题出在哪里，削减成本，夜以继日地干活。这些做法都很合理，但基本上翻腾不起什么水花，只是权宜之计，得以让企业再坚持几天。你与其把力气浪费在这里，倒不如去做三五个实验，尝试一下别的销售策略，或开发一条新产品线。你可以在此参考一条铁律：尝试多多，机会多多。这就是为什么麦当劳明明有着最简单的快餐菜单，菜品数最少，每年却要花大工夫，上新6000多个菜品，而其中只有两三个能在菜单上留下来。

坚持策略的关键在于，在一次次的试错中，你明明知道自己很可能失败，但还是会继续下去。因此，很多人并不擅长用这个策略。人们一想到犯错就发怵。我们从第一天上学

---

① 有人可能会觉得，试错嘛，就是东撞撞、西试试，没什么了不起的。但实际上，"试错"是一种广受认可的科学研究方法，由美国心理学家爱德华·李·桑代克（Edward Lee Thorndike）提出。

那天起，就被教导做事方式有对错之分，从而更加抵触犯错。老师掌握知识、提问题；我们回答问题，要么答对，要么答错。我如果能经常答对问题，那说明我够聪明；但是，如果经常答错，那我就是个笨小孩。我们从接受"对＝聪明""错＝笨"的那刻起，就开始不断寻求正确答案。没人允许我们探索，没人鼓励我们提出新洞见、发现新机会。只回答别人抛给我们的问题、熟记别人发现的知识，我们哪有机会发挥创造力呢？又怎么能在没有标准答案的时候，靠自己找出答案呢？我们必须犯"错"，犯很多很多错。研究显示，有创造力的人犯的错比缺乏创造力的人多多了。从不迷路的人，哪能发现新路呀！从不失败，意味着你深陷旧习惯，从不尝试新思路，从不创新。

我们若想用好坚持策略，就要保持开放的思维，对可能的解决方案和目标而言，都是如此。这也是"找"和"寻"的不同之处。当你找某物时，你已经明确知道自己的目标是什么了。比如说，你丢了钥匙，只有找到了它，才能开车去上班；于是，你找啊找，终于找到了；至此，任务完成。但是，寻的前提是，你也不确定自己到底在期待什么样的结果。心理学家艾德尔·马克斯（Edel Maex）说："当你想要寻得某样东西时，你先在心里画下了这样东西的大体轮廓，拿一路上遇到的一切事物与这个轮廓做比较，只要不符合，就将它推开。这是一个选择和缩小范围的过程。按照已知的套路去做事，这不失为一个好思路，因为你很可能找到自己想要的东西。但这种方式也存在一大弊端——你发现不了什么新东西。"

只有勇于试错，对预料之外的结果保持开放态度，我们才能想出之前想不到的办法。心理治疗师史蒂夫·德·沙泽尔所言极是：我们往往在获取答案后，才真正理解自己想要探索的是什么。"机缘巧合"一词，可以贴切地描述这一现象。来自荷兰的佩克·范·安德尔（Pek van Andel）专门研究机缘巧合，他还获得了搞笑诺贝尔奖①。他说，机缘巧合就是，你本想在一堆干草中找到一根针，结果意外遇见了农场主家的俏闺女。

就连老牌公司，有时候也只是摸着石头过河。商界的成功故事背后，是人们事后拼凑起来的逻辑解释。我们在管理学的相关文献中，往往不会看到"运气""巧合"这样的词。我们总觉得，"逻辑""理论""原则"和"系统"这些词高大上多了。看到这些词，我们就会产生一种幻觉，认为自己知晓了成功的秘诀。

事实上，公司的发展，往往是从一个失败跌跌撞撞地走

① 搞笑诺贝尔奖是对诺贝尔奖的有趣模仿。其名称来自 Ignoble（不名誉的）和 Nobel Prize（诺贝尔奖）的结合。主办方为科学幽默杂志（Annals of Improbable Research，AIR），评委中有些是真正的诺贝尔奖得主。设立这一奖项的目的是选出那些"乍看之下令人发笑，之后又发人深省"的研究。——编者注

到另一个失败的过程；在连续的失败之间，刚好取得了那么一点成功，便足以让公司继续运营下去。明智的公司意识到这一点，不停地研发新的产品、开发新业务，把自己成功的概率拉到最大。它们通过试验吸取经验，从而成长、调整；它们具有反脆弱力，能够从挫折中触底反弹。这些公司往往具有这样的发展历史：在陷入低迷后重获新生，业务性质曾经经历重大变化。例如，诺基亚成立于 1865 年，由弗雷德里克·艾德斯坦（Fredrik Idestam）一手创办。最初，它只是一家纸浆制造工厂，后来又生产轮胎、靴子之类的橡胶制品。1998 年，诺基亚又摇身一变，成为全球移动电话市场的龙头企业，其霸主地位一直维持到 2012 年。该公司早在 2005 年夏天，就在尼日利亚卖出了第 10 亿部手机。但是，灵活多变如诺基亚，也会被竞争对手打个落花流水。苹果横空出世，不出两年，就把诺基亚推下竞争舞台。微软公司在 2013 年收购了诺基亚的剩余手机业务。看来，一个公司就算拥有反脆弱力，也不一定能永远存活下去。

错误，或者偶然之间的发现，已经成就了众多创新传奇。亚历山大·弗莱明（Alexander Fleming）之所以能发现青霉素，纯粹是一个意外。他在整理实验室的时候，发现金黄色葡萄球菌培养皿沾上了霉菌，而在青绿色的霉花附近看不到一个葡萄球菌。他稍后分析了霉菌生成的物质，由此发现了青霉素。还有乔治·克鲁姆（George Crum），原本是纽约州萨拉托加泉市（Saratoga Springs）的一位厨师。有一天，一位顾客嫌弃他切的土豆片太厚。克鲁姆为了捉弄这位挑剔的顾客，把土豆片切得特别薄，再扔进油锅里炸。这一炸，就炸出了薯片。

同在纽约州的玛丽·菲尔普斯·雅各布（Mary Phelps Jacob）受到了幸运女神的眷顾，有了一项成果丰硕的发现。那天，她正为舞会梳妆打扮，她忍住窒息般的不适感，穿上紧身胸衣，却发现用来加固胸衣的鲸须尖端会从连衣裙露出来，影响美观。于是，她拿出两块儿丝绸手帕和一根粉红色的丝带，缝出了一款新样式的胸衣，这便是现代文胸的起源。1913 年，玛丽申请了专利，并创办卡蕾丝·克罗斯比（Caresse Crosby）公司，获得巨大成功。华纳兄弟紧身胸衣公司（Warner Brothers Corset Company）后来提出，要出 1500 元美元购买这项专利。玛丽高高兴兴地接受了这个在当时看来相当可观的报价。华纳公司也很开心，因为在此后的 30 年里，该公司通过这项专利赚取了 1500 多万美元。

吸墨纸的发明也纯属偶然。一位造纸工人在制作纸浆时忘记加胶水，结果就制成了这种质地薄、吸水性又好的纸。微波炉、人工甜味剂、白兰地和硫化橡胶，都是人类偶然得来的发现。人们不断试错、反复调整，以此丰富社会文化，书写创新创造的史卷。任何一项划时代的创意，其提出者都没法儿精准预见它们最后会派上什么样的用场。比如说，人们之所以发明晶体管，只是为了将其应用于军事，没想到却引发了电子业的变革；发明柴油引擎的人，以为它只可用于驱动火车；复印技术最初只用于石版印刷，在最早的研发过程中，都没人想到大规模复制文档，更不用说造什么复印机了；当今时代最具颠覆性的创新——互联网——之所以能够诞生，也是因为前期有了允许计算机共享信息的一系列技术突破。那些技术狂绝对做梦都想象不到，互联网竟然会彻底改变世界。

詹姆斯·马奇（James March）是一位已故的美国社会学家，因其在组织行为学领域的研究成果而颇负盛名，他曾指出：我们在运用"理智的技术"之外，还需要运用"愚蠢的技术"；有时候，个人和组织需要探索和实践那些自己可能并没有充分理由去做的事情。当然，这只是"偶尔"，并非"一直"或"通常"。但你得明白，我们"有时候"确实不能等到完全想明白，再采取行动。

具备持之以恒、灵活创新、败而不馁的能力，或许是成功的首要前提。这听起来像是人人都懂的道理，但实际上，这种能力还真没有受到足够多的重视。你找身边人问问什么是成功的最佳预测指标。很多人会答智力。然而，大量研究探讨了智力与成功之间的关系，发现智力只算得上成功的中度预测因子。另一种与智力全然不相干的能力，却与成功之间表现出更强的相关性。我们在此讨论的坚持策略，就与这种能力紧密相关。

不知各位是否听说过，在 20 世纪 60 年代，心理学家沃尔特·米歇尔（Walter Mischel）进行了一项棉花糖实验，这项实验在当时非常有名。工作人员把四岁的孩童单独留在房间里，在他们面前摆上诱人的棉花糖。这些孩子的任务很简单，他们可以立刻吃掉棉花糖，但是如果他们能够忍到研究员回来时再吃，就能得到两份棉花糖。研究员走后，偷偷观察这些孩子，看他们能否忍住不去吃以及能忍多久。孩子们的表现大相径庭。有的等研究员一关门，就立刻吃掉了棉花糖；有的则使尽浑身解数，压抑自己吃糖的冲动：他们要么用屁股压住自己的手，要么咬住嘴唇，要么别过头去，不去看那块儿诱人的糖果，有的甚至唱起歌来，或者在椅子上摇来摇去，以此转移注意力。有的孩子坚持了整整 20 分钟，直到研究员回来才去动那个棉花糖。

棉花糖实验的一大亮点，在于其采用了纵向研究的方法。许多年后，这些孩子又参与了后续调研。调研发现，那些在初次实验中忍住吃棉花糖冲动的孩子，后来在生活的方方面面都取得了更高的成就。他们的学业成绩更好，更有可能取得学位；他们的人际关系更稳定，自尊指数更高，工作更体面；他们也更不容易产生乱七八糟的成瘾行为。这些人打小就展现出一种能力，那就是为了实现更加远大的目标，可以选择延迟满足。这种能力让他们在面临挫折的时候，依然能够坚持下去。

我还可以另举一个例子。美国 3M 公司在早些时候生产砂纸，当时的一名员工坚信：在砂纸厂的成堆废料下，一定暗藏商机。他心想，就算上刀山、下火海，也要找出利用废料的方案。后来，这名员工把心思全放在了废料上，顾不上老板分配的任务。老板警告过他几次后，看他还是老样子，就把他解雇了。你猜这位接下来做了什么？ 他就像什么都没发生一样，每天照常去上班。后来，他被人抓包，再也不能踏进公司园区。但这名前员工坚持在自家的阁楼上继续研究。试了很多年，也失败了很多年。功夫不负有心人，他的研究终于有了结果——原来废料可以用来建造屋顶。3M 公司听到消息后，又请他回来，还专门设立了屋顶颗粒部门，任命他为部门负责人。该部门发展迅速，为公司创造了巨额营收。这位负责人也赚得盆满钵满。

坚持策略的秘诀是，不要停下行动，全然拥抱未知，寻找藏在错误之下的机会。爱迪生说："大多数人都会错过机会，因为机会身着连体工装裤，一看就像苦力活。"坚持策略就是，跌倒后站起来，掸掸灰，继续前进。爱因斯坦曾这样解释自己成功的原因：如果你让别人在干草垛里找一根针，一般人找到了针，就停下了，而我会继续找，看看草垛里有没有藏着另一根针。

专注策略

障碍，就是当你的眼睛从目标移开时所看到的东西。

——E. 约瑟夫·科斯曼（E. Joseph Cossman）

想象一下，你想开瓶葡萄酒，好好喝一杯，但是拔不出酒塞。你当然可以花上一点时间，最后说不定能拔出来；你也可以直接把塞子推进去，把酒倒出来。你图的不是拔出塞子，而是喝到酒。

当人们目标明确，清楚地知道自己到底想要什么的时候，会释放出一种创造性力量。专注策略利用的就是这种力量。我们越专注于一个点，这种创造性力量就越强。这与水流切割法有相似之处。水流切割法的原理就是，在高压下喷出极细的水柱，从而轻松、精确地切割大理石等石材和钢铁等材料。

该策略的精髓是确定目标——要清晰、坚定、精准地确定自己到底想要什么。定好之后，就要铭记这一目标。乍一听，这没什么难的，但在实操时却并不容易做到。

要想用好专注策略，我们首先要将目标和方法、手段等区分开来。再回到刚刚打的比方，一旦我们只盯着方法看，铁了心要拔出塞子，而忽视了品尝美酒的目标，就会钻牛角尖。只要铆足劲儿奔着目标去，原本看似难以解决的问题，最后都会迎刃而解。德怀特·艾森豪威尔（Dwight Eisen-hower）在就任美国总统前，曾任哥伦比亚大学校长。当时，他注意到，学生都不怎么愿意走学校铺的大道，更爱抄小路。久而久之，小路上的植被都被踩坏了，着实不太美观，学生戏称其为象鼻子路。艾森豪威尔采取了哪些措施呢？他先切换了关注点，意识到：大学的目标不是强迫学生走那些已经铺好了的路，而是让这些小路别那么难看。于是，他把原先的象鼻子路修得体体面面、漂亮整洁。（故事到此就结束了，但是，我得澄清一下，本故事纯属虚构。这个故事流传已久，情节过于美好，以至于让人一听就觉得是编的，但是我还是决定把它放在这本书里。用这个"假故事"来启示、鼓舞各位，总好过拿现实里的例子来扫各位的兴）。

托马斯·阿奎那（Thomas Aquinas）曾经说过："如果船长的首要目标是保护船只，他就会永远把船停在港口。"反复问问自己，我们到底在想什么，我们到底打心眼儿里想要什么，就能打破僵局。演讲者兼作家乔斯·伯格斯（Jos Burgers）说过一句很有道理的话："人们如果去买凿子，他们其实倒不是想买凿子，而是想买一个洞。"

在《无论怎么想，都要反其道而行之》（*Whatever You Think, Think the Opposite*）中，保罗·雅顿（Paul Arden）讲述了维多利亚时代一个文学教授的故事。早在"裸体主义者"这个词出现之前，这位教授就开始践行其理念了。而在当时那个年代，人们认为只有头和手可以露出来，再露出来身体其他任何部位都是件很丢人的事情。有一天，他正光着身子在河边休息。突然看到几位学生朝他这边走了过来。眼看这些学生马上就要看到他，教授无处藏身，他只带了一条毛巾，不可能用一条毛巾来遮住整个身子。在不到一秒的反应时间里，他能做什么呢？他的目标是什么？你可能首先会说，他的目标是不被学生看到自己光溜溜的身体。但是，如果你再想一想，就会发现，他真正的目标是不被学生认出来。那么，教授做了什么呢？他在明确了自己的目标是什么之后，把毛巾挡在了脸上。

心理学家兼作家爱德华·德博诺（Edward de Bono）创造了"水平思考"一词。他在书中写道，一个岛屿通过桥梁连接内陆，往返的路上设有两个收费站。过了 50 年才有人意识到：每辆来岛的车，早晚都会出岛，其实只需要设一个收费站就够了。盯着有多少车来、多少车走并不是目标，赚钱才是。只设一个收费站还可以节约成本，省下不少钱。

在以上的例子中，我们可以轻松地区分目标和方法。但有时候，目标和方法却很难区分。在第二次世界大战期间，美军会仔细检查从德国飞回来的轰炸机，计算各个部位的弹孔数量。美方想要在轰炸机最容易被击中的部位增设装甲，从而有效地加固飞机，防止它们被击落。

军方请杰出的统计学家亚伯拉罕·沃尔德（Abraham

Wald）研究这些数据，而亚伯拉罕运用了翻转思维，看向了这个问题的反面。他说，实际上，哪里弹坑最少，就该加固哪里。

工程师们忽视了一点，他们眼前的飞机并非当初派去执行任务的全部飞机，而只是没有坠毁的那些。沃尔德明白，如果轰炸机在返回时，机身的某些部位有大量弹孔，就说明这些地方不是要害部位；相反，如果某一部位的弹孔超过一两个，而飞回来的飞机很少，说明轰炸机只需要在该部位中一两弹，就足以被击落。鉴于发动机部位的弹孔最少，沃尔德建议应在此处集中加设防弹装甲。军方采纳了这一建议，从那往后，飞回来的轰炸机哪些部位没有受损，就在哪些部位加设装甲。沃尔德充满智慧的建议——关注没有弹孔的地方，使得更多轰炸机安全返回基地。

看看周遭的世界，就能发现，当我们运用翻转思维、重新定义目标和方法时，许多问题都会迎刃而解。就在最近几年，大多数公司还秉持老观点，认为所有的雇员都需要有自己的办公桌。但是，人人都有办公桌，就意味着，有的时候——比如说员工生病或休假的时候，公司置办的办公桌不能被充分利用起来；同时，公司又受限于空间或经费，做不到给每位员工都配备一张办公桌。这个问题该怎么解决呢？ 我们可以翻转思维，将目标从"每位员工都必须有自己的办公桌"，转换为"每位来上班的员工都必须有自己的办公桌"。

这种转变非常细微，但同时非常重要。我们一旦以这种方式重新确定目标，那距离实践"热桌"（hotdesking，意为公共办公桌）这一理念就仅有一步之遥了。公司给每位员工配备一个小柜子，员工可以推着自己的柜子去任何一个空办公桌。"热桌"可以让公司节约近50%的空间，以及20%的年办公成本。

要想用好专注策略，各位不仅要学会如何合理地设定目标，也需要了解怎么设定目标算不合理。在设定目标的时候，我们常常走入哪些误区呢？

我们在前面提到过第一个误区：人们常常消极地制定目标。比如说，你不确定自己想去哪儿度假，于是去咨询旅行社。旅行社工作人员问你想去哪儿，你回答说："这个嘛，我知道我不想去西班牙，我之前在那儿玩得不开心。"显然，这个答案起不了什么作用。

你越关注自己不想要什么，有的时候，反而越引发什么。比如说，你明明想睡觉，却一直在心里念叨，"我可千万不要失眠啊"，那你很有可能真的睡不着。关注一个问题的消极面，有时会让我们错失机遇。想想，该如何扑灭一场森林大火？有时，你需要把另一边的林区也点燃，以火攻火。当然，你得精准小心地控制火势，以此创造出一块没有任何可燃植被的区域，当林火蔓延到此处时，它们就烧不下去了。

心理学家苏珊妮·赛格斯特伦（Suzanne C. Segerstrom）

在《半满的玻璃杯》(*The Glass Half-Full*)中讲了这样一个故事：一个男人非常害怕警笛声，但他没有一心想避免听到这个声音，而是决定接受挑战，去好好研究警笛声。他给女儿买来了玩具救护车，然后研究这些玩具是否再现了现实中的警笛声。这也就意味着，他必须先去熟悉真实的警笛声是什么样的。

类似的方法也可以用来治疗梦魇。患者需克服恐惧心理，在白天尽量准确地复现噩梦。我想通过隐喻，来解释一下：想象一下，你眼前有一只喷火怪兽，如果你试图逃开，这只怪兽只会朝着你吐出更多火焰；但是，你如果敢于将自己的脑袋放入它的嘴里，就会发现，其实这只怪兽压根儿就不存在。问题只存在于你的脑海中。

我们在设定目标时，常犯的第二个错误是把目标设定得过于模糊。两姐妹正因为一个橙子而争吵不休，橙子只有一个，但是她俩都想要，最后，她们只好将橙子切成两半，各自拿一半。有时只要她们能明确自己的目标，就能避免为难——她们明明一个想喝橙汁，另一个只想要磨碎橙皮来做蛋糕。

我们往往把目标设得过于宏大。如"有朝一日"，我一定会环游世界；"有朝一日"，我一定会写本自传。但是，你只要不选出环球旅行的第一站，不定下完成自传的最后期限，你可能永远不会行动。这些宏大的目标，往往反映我们对一些潜在问题的思考：环游世界的愿望，可能反映了对于逃离日常琐事的向往；写一本自传的想法，可能反映了对于悄无声息、籍籍无名地离开这个世界的恐惧。

在设定目标时，我们常常犯的第三个错误是无法做出明确的选择，试图同时追求两个目标。你可能想不到，橄榄球队也会遇到类似的问题。当一支队伍进球后，发现自己领先对手时，他们的新目标是什么呢？是进一步发力，赢得大比分优势，还是守卫我方阵地，保持现有的优势？

我们常犯的第四个错误是，在无法直接施加影响的领域里设定目标。想追求幸福，这是人之常情，但你该如何去做呢？情绪本就难以捉摸，而非听命于你。刻意去追求某种特定的情绪，反而可能产生完全相反的效果。心理学研究员 J. W. 斯古勒（J. W. Schooler）的一项研究显示，刻意追求幸福有时适得其反。他在实验中，给不同的受试组播放斯特拉文斯基（Stravinsky）的《春之祭》（*The Rite of Spring*）。第一组的任务只是聆听音乐，而第二组的任务则是在听音乐时，让自己快乐起来。结果如何？那些单纯聆听音乐的人会更快乐，而那些努力让自己感到快乐的人，反而没有那么快乐。

第五个，也是最后一个错误，就是我们常常追求那些并非发自内心想要实现的目标。我们说自己想要某样东西，但在内心深处，我们对这些东西根本不感兴趣。我们之所以会这样，是因为社会环境往往让我们觉得它们非常重要，父母鼓励我们去追求它们。成为一个流行乐歌星、专业运动员或是芭蕾舞女主角，这些都听起来非常光彩，但是想要实现此类成就，你需要做出极大的牺牲；我们完全可以不要这些成就。人们都大肆吹嘘，完成这些目标有这样那样的好处。但是想要实现它们，你需要几近痴狂地投入其中，无暇追求其他同等重要的目标——比如说，与家人、朋友共度美好时光。

　　我们若想有效利用专注策略，需要仔细设定、选择目标。如何才能做到这一点呢？近年来，"SMART"目标设定法在各个组织机构中愈发流行。该方法要求我们把目标设定得具体（Specific）、可度量（Measurable）、可接受（Acceptable）、切合实际（Realistic）且能够被在限定时间内完成（Time—bound）。

　　另外一种技巧也颇具威力，是著名心理学干预法"焦点疗法"中的常用技巧，原用于心理治疗，近期逐渐被用于商业辅导、培训以及教育领域。该技巧名为"奇迹问题"。有一天心理治疗师茵素·金·伯格（Insoo Kim Berg）问了来访者一个问题，来访者说："哦，除非奇迹发生才行！"茵素顺着来访者的思路，接着问："好呀，假设奇迹真的发生了，那会是什么样的奇迹呢？"不管正追求什么目标，思考这个问题的答案都能帮我们关注积极面。

　　说来也奇怪，要想确保自己对实现目标有足够强的内驱力，我们得在制定目标时"不自量力"一点。目标如果定得太低，就会让人感到无趣，甚至产生倦怠心理；反过来，把目标定得稍高一点，就可能会进入一种全神贯注的心流状态。你只要敢于将目标定得看似高不可攀，激发自己全力以赴的决心，就会惊喜地发现，原来自己可以做到这么了不起的事情。我自从明白了这一点，就习惯了设定高得离谱的目标，比如：今天一天要写完两个章节；或者，中午十二点前就得完成所有的待办事项，不行，上午十点之前就得完成。我发现，将目标定得比我原本认为可能实现的高出近一倍，我就可以进入一种非常专注而有活力的状态，而且我几乎总是能够完成自己设定的目标。

最后我再来讲一个小故事，谈谈怎么通过调整方法来达成目标。

福特汽车公司的供应商在送来化油器、保险杠和雨刮器等零件时，会选用各式各样的木制模板，作为包装材料。员工收货后，取出零件，扔掉木板。亨利·福特坚决不同意这么做，说："这太浪费了。"把这些木板当成废料处理掉，既耗时间又耗钱，还浪费了宝贵木材。于是，福特规定了木材的种类、木板的厚度和长度，请所有的供应商按照要求制作木制模板。福特公司在收到零件后，将这些模板二次利用，制成了 T 型车的木质底板。

福特汽车公司的故事，清楚说明了专注策略的巨大潜力。遇到了问题，别纠结于你不想要的，比如，在这个例子里，别老想着怎么处理那堆看似多余的木板；深吸一口气，耐心想想，你真正想要的是什么。对福特汽车公司而言，他们自然想尽可能地降低成本、高效地生产汽车，这就是他们的核心目标。顺着这条思路往下走，福特公司便想出了用木板制作汽车零件的点子。

福特汽车公司行之有效的策略，可能也对我们所有人奏效。我们不能任由眼前的问题挡住视线，而要关注最终目标和价值观，往后退一步，看看全局，也许会有意想不到的收获。

重新思考策略

你如果不再一心寻找答案，可能会发现，
解决方案其实就在眼前。

我们在面对问题、四处寻找解决方案的时候，总是认为答案会在未来的某一天出现，暗暗祈祷，想让那天早点到来。然而，解决方案可能早已存在，只是藏在过去的某个角落，也许，正是因为没有相关问题出现，它才被埋没至今。

不少发明都看似在近代才出现，实际上却有着悠久的历史，只是多年来都掩盖在时代的尘土之下，不为人所知而已。古希腊人在公元前 240 年就已经证明了地球是圆的，埃拉托色尼（Eratosthenes）甚至计算出地球的周长，误差不到 2%。但是这些知识在数百年后却被人遗忘了。后来人们对世界的认识又变成了：地球是平的，其边缘延伸至海洋，人类如果在航行时太靠近地球边缘，就有可能坠入"地狱"。轮子早在用于交通运输、改变世界之前，就由拉丁美洲的土著人所发明，但在当时只被用作儿童玩具。同样，推动了工业革命的蒸汽机，最早也由希腊亚历山大港的工程师、数学家希罗（Hero）在 1700 年前发明，但在当时，这种装置也只被当作玩具。人类发明自动扶梯也是出于偶然：1897 年，查尔斯·西伯格（Charles Seeberger）打造了名为"地狱之路"的游乐场设施，过了很多年，才有人想到，可以用这个设施把游客从一层楼运到另一层楼。

各位有没有发现，很多突破性的发明其实都是为玩乐而生的。难道说，人类在玩耍时，比在工作时有创造力多了？我们现在言归正传……

试想一下，世界各地的专利注册机构所登记在册的专利，有多少正闲置，未被使用？我并非意在强调发明正在遗忘中消亡；我想强调的是，人类经常发明一些很了不起的东西，却对它们潜在的使用价值一无所知。金子都握在手里了，我们却还以为是块石头。通过使用重新思考策略，我们可以重新审视自己的处境和资源，寻找隐藏的可能性。有时，可能性就在眼前，只是我们自己还没有意识到这一点；有时，可能性明明就藏身在问题的外衣下，你却只看到了问题；你实则漫游于可能性的海洋之中，却误以为自己困在牢笼；你实则沐浴在明媚的阳光下，却以为自己漂泊在黑夜。

读到这里，你或许有些疑惑：坚持策略和重新思考策略到底有什么区别？ 二者确实有相似之处，但也有着非常重要的不同。当你使用坚持策略时，你会从现状出发，一路披荆斩棘、跌跌撞撞，可能突然发现了意料之外的机遇；而重新思考策略的奏效逻辑与前者恰恰相反：你着眼于可能性，审视现实，让早已存在的可能性来翻转问题。

迪士尼出品的庀兄弟（Beagle Boys）漫画就巧妙揭示了这一点。庀兄弟是一伙罪犯，他们原本被关在监狱里。获释当天，兄弟几人兴高采烈地憧憬着未来。他们天马行空地幻想，自己会住在大城堡里，那里有厚厚的墙壁和漂亮庭院，有员工服务餐饮。结果如何？ 该离开监狱的时候到了，庀兄弟却不想再离开了。当然，在现实中，监狱和豪华的城堡毫无相似之处。但是，换个角度看，监狱或许就是庀兄弟的城堡。

再举一个真实的例子。在 20 世纪 60 年代末，3M 公司的研究员斯宾塞·西尔弗（Spencer Silver）曾尝试研发出一种黏合能力更强的胶水，用于改良胶带。这种胶水的黏合性本应更强，但是西尔弗研发的胶水却恰恰相反，黏合性超弱，而且凝固速度极慢。这可真是个大问题！ 哦不，这可真是个大机会，就等着其可适用的问题出现了！整整五年过去了，需要用这种胶水才能解决的问题终于出现了。西尔弗的同事亚瑟·弗莱（Arthur Fry）每次吟唱诗集，书签总会从诗集里掉出来。深受困扰的他突然想到了西尔弗的胶水，灵光一现，创造了便利贴。现在，业界都认为便利贴是自继纸夹之后，办公用品行业最重要的创新。西尔弗和弗莱也因做出开创性的工作，获得了 3M 公司的最高荣誉奖。

橡皮泥（Silly Putty）享有"20 世纪神奇玩具"的美名，最初它也只是一项充满可能性的失败发明。时间回到 20 世纪 40 年代，通用电气（GE）的研究员詹姆斯·赖特（James Wright）想要为军方合成一种物质，用该物质来替代橡胶。然而，这种可以被扯得老长的玩意儿完全吸引不来军方，反而被传到了玩具店老板露丝·法尔加特（Ruth Fallgatter）的耳朵里。把这个东西扔向窗户，它就会粘在窗户上；让它滚过一张报纸，它就能印出报纸上的字迹。这多好玩儿呀！于是，露丝对商人彼得·霍奇森（Peter Hodgson）说，这个东西或许能成为一款顶好的玩具。在 1950 年的复活节前夕，塑料蛋壳包装的"橡皮泥"玩具被摆上商店货架。该玩具一炮走红，红到什么地步呢？在 1968 年，甚至有传闻说，阿波罗 8 号的航天员把橡皮泥带到月球上，用来固定工具。霍奇森在 1976 年去世，彼时，他的个人财产估值竟达到了 1.4 亿美元。

各位若想用好重新思考策略，则需要保持乐观。你得相信，机会往往藏身于琐碎的生活之中，而你需要瞪大眼睛，仔细寻找。心理学家理查德·怀斯曼（Richard Wiseman）曾做过一项研究，该实验显示，悲观会让人看不见机遇。他依据实验对象的自我认知，将其分为两组：一组自认为是幸运儿，另一组自认为是倒霉蛋。理查德请他们都去一家餐厅，而餐厅门口的地板上放着一张 10 英镑的钞票。你猜，结果怎么样？几乎没有"倒霉蛋"看到那张钞票，而"幸运儿"则几乎个个发现了它。悲观的人往往更专注于问题，而非机遇。

我想帮助各位睁开眼睛、看见可能性。先给各位介绍以下概念——"飘浮的可能性"（Drifting possibility）。什么叫"飘浮的可能性"呢？其意为，可能性就在我们的周围，如同飘浮在空气中，只是我们还没有看到它们。我们得主动寻找可能性。往往，当我们发现它们时，才意识到，原来它们一直都在我们的面前。

荷兰汽车制造商 DAF 就有过此类发现。柴油车发动机需要先经过工厂测试才能投入使用。多年来，竟没人意识到，测试中的发动机也有可用之处。有一天，终于有人想到：反正这些发动机本来就要运转，何不用它们来发电呢？不试不知道，一试吓一跳，这些发动机发的电，竟然足以照亮整个工厂园区。

前面的几个例子表明，识别机遇往往意味着为已有的东西发掘新用处。除此之外，你还可以创造需求，从而创造机会。你也可以问问自己：我手里握着的这一切，有哪些可能性，有哪些特质，我可以如何利用它们来解决我的问题，或者帮助他人解决问题？如果你有车，而别人没有，那你的车就是帮他人解决问题的机会。如果你有一座废弃的工厂，那么对于狂欢派对的组织者来说，这是个完美场地。如果你没有工作（当然，这是个大问题），但再想想，你拥有什么呢？你有大把的时间啊，不要将拥有大把的时间看作有待解决的问题，而应将其看作有待利用的机会。也许，是时候环游世界了，是时候开启自己的事业了，或者，是时候休个长假了。无论你在哪里，无论你拥有什么，都要把现状视为可能性，找寻你可能忽视的机会。

纵观人类历史，最适合应用重新思考策略的时代，当属今朝。互联网给这个时代带来了遍地的机遇。显然，互联网已经并将持续深刻改变人们的生活。它是应用重新思考策略的一大加持，为之赋能。过去那些看似无解的问题，如今都可用新视角来加以思考。比如，如何出售整组玩具车，如何在一个只有 2000 人的村庄里觅得良缘？这些事情在过去都是问题，而在如今，由于互联网的助力，都成了机会。

我们也可以换种方式来应用重新思考策略，靠的不再是向前看，而是向后看。人类有一项了不起的能力，不仅能重新评估过去，还能基于对未来的想象来评估现在。我刚开始创业的时候，经常怀疑自己，认为自己不该离职。那时候，我正 35 岁左右，常常在想象中和另一个自己对话。其实，那是 35 岁的我和 70 岁的我之间的对话，35 岁的我会问："我能养得起家吗？" 70 岁的我可能会回答："我知道，你现在担心钱，但是不要再想它啦。想想你擅长做什么，什么事情让你做了之后活力四射，去做那些事情吧！" 这些对话总能让我安心，我心里就好像真的住了一个 70 岁的老人，他比 35 岁的我更自信。

　　你也可以用以上方法来与他人对话。几年前，我听说一位副校长和学生起了不小的冲突，而学校的学生顾问巧妙地处理了矛盾，其方法对我启发颇深。这位学生和生活老师起了争执，副校长在了解事情原委后，认为学生应该道歉，但学生认为老师没有公平地对待自己，因此拒绝道歉。于是，副校长请来了学生顾问，顾问来了之后，先问起学生所在的年级，了解到这位学生很快就要毕业了，接着提问："你认为，自己两年后会在哪里？"学生回答说，他将在鹿特丹读大学。顾问顺着话茬说："当你在鹿特丹读书的时候，你还会遇到这样的问题吗？"学生笑了起来，他觉得自己不可能再遇上这档子事了。最后，顾问又说："如果让三年后的你提提建议，你会建议现在的自己怎么处理当下的问题呢？"学生怎么回答的呢？ 他开始复述副校长的建议。他从一个更明智、更成熟的视角，重新思考了这个问题。

　　最后，我再分享一个体现重新思考策略魔力的小故事，博各位一笑。

　　故事的主角是比利时艺术家卡玛格卡（Kamagurka），他不仅在戏剧和电视制片行业颇有建树，还是一位成功的漫画艺术家和画家。卡玛格卡虽然在艺术领域取得了不少成就，但总觉得自己的画画天赋一般，认为自己尤其画不好肖像画。卡玛格卡从这项缺点中捕捉到了机会，开创了一个全新的艺术潮流——偶然主义。他大笔一挥、随性作画，脑海里谁都不想，画完后就上传到网上。公众看到帖子后，就会来评论画里的人是谁。最后，长相最接近画像的那个人就会被指定为该画像的"原型"。

　　无论你在哪里，无论你从事什么工作，无论你有哪些才能，你都应重新审视、思考之前可能忽视的想法和机会，将它们看作潜在的解决方案。解决哪些问题的方案呢？这就不得而知啦。你确实不知道吗！但这算问题吗？不算，"不知道"恰恰就是重新思考策略的精髓。因此，从这些可能性出发，反向思考，看看它们如何解决眼下的问题，或是你尚未意识到的问题，如何解决你的问题，或是他人的问题。想想吧，有多少问题的答案可能早已存在，只是正等待被我们发现呢？

战斗

如果现实露出它的獠牙，我们就开始战斗。欺诈、操纵以及贪婪，这些都是真实人性的一部分，我们必须应对它们。应用战斗策略的关键在于管理、吸引、说服和合作。

消除策略

> 毛毛虫眼里的终结，是世人眼里的蝴蝶。

有人这样认为：翻转思维是一场倡导积极乐观、追求快乐的变革，描绘了一个机遇遍地的乌托邦；翻转思维完全等同于积极乐观。其实，事实并非如此。翻转思维并非单一固定的学科、理论或方法，其策略如生活本身一样灵活多变。在生活中，我们必须面对哀伤、失去和痛苦，而消除策略的基础正是认清这一事实。

2008 年 2 月，宝丽来（Polaroid）宣布即将关闭其在马萨诸塞州、荷兰恩斯赫德和墨西哥的工厂。数码相机取代了宝丽来的胶片和即时成像相机；公司在 2001 年就曾宣告破产，后被人接手，在 2008 年终归难逃再次破产的命运。宝丽来公司成立于 1937 年，历时短短 70 年，虽然仍有公司沿用了宝丽来这个品牌名，但历史的帷幕却已然为其落下。

许多品牌都经历了和宝丽来一样的命运，曾经兴盛一时，如今面目全非。公司的寿命也在缩短，如今，一整个行业的兴衰周期可能到不了 15 年。《福布斯》于 1917 年创刊，当初跻身于福布斯百强企业的，都是当时美国规模最大的公司。过了 70 年，其中 61 家已不复存在，剩下的 39 家公司中，只有 18 家仍排在前 100 位。那么，幸存的 18 家公司发展得顺利吗？并不顺利。在 70 年间，它们的平均表现比市场上其他公司至少差 20%。只有通用电气和柯达（Kodak）这两家表现优于市场平均水平，而柯达后来也破产了。想想看，1917 年名列《福布斯》百强榜的公司中，只有一家公司表现优于平均水平，其他 99 家要么已经消失，要么表现不佳。我们能从中得到什么教训呢？很简单。人生的确会因时运不济而改变，然而，这还算不上什么，最糟的是，无论命运如何变化，我们手中所握的最终都有可能化为泡影。正如前文所讲的那样，没有什么是永恒的，这就是现实，悲伤而不可避免的现实。我们当然可以把它看作问题，但也可以选择将之视为机会——消除策略便指导我们将之看作机会。一个机会的消亡往往催生另一个机会。

当今世界正飞速变化，公司都面临同一个棘手的问题：转向现代化、适应，还是停业？ 本书的荷兰语版本在 2008 年首次发行，我当时写下如下内容。

当音乐可以一键下载时，音乐产业该如何接招？

今年，荷兰已经没人做 CD 单曲的买卖了。你只须轻轻点击鼠标，就能一键下载《滚石》杂志评选的"史上最伟大的 500 首金曲"。下载后，每首歌的信息都被整整齐齐地标在文件名上，你只要再把它们导入计算机，然后同步到 iPod 上，就可以边走路边听歌。这是多么前卫的做法呀，但是五年后的人读到这段话，会不会觉得这是件不值一提的小事呢？

十多年过去了，现在再来读当初写下的这段文字，发现这事儿简直不值一提。如今，哪有人还去下载音乐呀，你只管把手机放在车里的手机支架上，启动 Spotify 应用程序，就能直接在线播放音乐了。这听起来又很新潮吧？ 但是，如果再过五年或十年，我们再回顾这段话，又会做何感想呢？ 等到那时，音乐行业又会发展到什么地步呢？

你可能想不通，为什么我要在本章开头花那么大的篇幅去例证：世界会变化，现存事物会消亡，新事物会不断涌现。这不是明摆着的事实吗？ 说这些有什么意义呢？ 就翻转思维而言，我们可以从这种变化中受益。如何受益呢？ 答案是，全然放弃那些已经失效，或者即将失效的做法。我们只有勇于决绝地离开那些行不通的路，才有机会踏上光明大道。同理，用好消除策略的第一步，也是识别"哪条路行不通"。要把这个策略用到实处，你必须学会"修剪"自己。剪掉生命中的"枯枝"并非易事，常常带来深切的痛苦和沉重的哀思。

通用电气之所以能成功，很大程度上在于其勇于自我毁灭。杰克·韦尔奇（Jack Welch）长期担任通用电气的首席执行官，在他任职期间，通用电气采用了消除策略，砍掉了"不够成功"的业务，从而为"成功"设定了高标准。对此，韦尔奇提出了一句名言：在市场细分领域，如果我们不数一数二，就退出。他还实行严格的考核规定，淘汰表现最差的10% 的员工。消除策略有多种形式，适用于不同规模的组织。我们先从最基本的形式说起：你如果预见到一条路即将堵死，请立刻停下脚步；你如果预见某样产品或某项服务即将消失，请立刻叫停相关业务，即使这条路是你的主心骨，或者这项业务是核心。

消除策略之所以能奏效，不仅是因为你停止了徒劳费力的行为，也因为你通过剪除那些无用的枯枝，让树体更加健康了。消除无价值的事物，可以让你专注于剩下的有价值的事物。所以，消除不只是丢弃，同时也是一种保留，消除策略兼顾破坏和保护。

2008 年，信贷紧缩席卷全球。在金融危机阶段，金融服务公司荷兰国际集团（ING）也难逃遭受重创的厄运。ING 每年都会隆重举办员工聚会，但由于资金短缺，2008 年举办豪华派对显得不合时宜。但这并不意味着不办派对了，有些员工很擅长唱歌、做菜，他们自愿组成小组，负责举办一次低成本的派对。那年派对办得非常精彩，精彩到什么程度呢？ING 公司在第二年又办了一次这样的派对。

其实，消除策略与放大策略有些类似。二者主要的区别只在于各个环节的顺序。你在使用放大策略时着眼于优势，思考如何将优势发挥出来；而在使用消除策略时，你着眼于无用之处，然后专注于剩下的事物。比方说，你想打理草坪，可以选择直接清理杂草（消除），也可以选择给草坪施肥（放大），让你种的植物长得更茂盛，让杂草没有生长的空间。面对具体的情况，你得靠直觉决定选择哪种策略。如果你一眼就找出了问题所在，那就消除问题；如果不清楚究竟哪里出现了问题，就先关注哪里做得不错，放大长处。

第二种消除策略致敬一句名言：疯狂就是重复做同一件事，却期待得到不同结果。我们常常对着那些根本就不起作用的办法死磕。对此，第二种消除策略要求我们停止做那些不管用的事。直接停止，这么做有时将创造新的机会。

一家 IT 公司曾不断地流失新人，管理层为此非常苦恼。该公司遵循传统的招聘留人策略，砸钱打造了完善的招聘流程，还给新员工提供了极佳的培训课程。他们甚至试过提高薪水，但还是不管用。新员工一出培训班，就被竞争对手挖走了。最后，公司管理层决定换个看待问题的角度。他们摒弃了原先的想法，不再一心留住那些接受过完备培训的员工，反而开了一家子公司，专门为想走上职业发展快车道的人提供教育培训。毕竟，他们发现自己做这个还挺拿手的，这个解决方案可谓双赢。一方面，那些有潜力的年轻员工觉得公司和自己很合拍，因此更愿意留在公司；另一方面，这项业务也让公司赚了不少钱！"不少"实在是一个保守的说法。公司其实因此赚得盆满钵满，后来甚至直接把教育培训当作核心业务，停掉了大量的 IT 服务业务，转行成为一家做得风生水起的培训公司。

不再做那些无效的尝试，反而可能会产生奇效。多年来，纽约地铁站的乘客一直把车站当作垃圾站，在站台和轨道上乱丢垃圾。相关部门是怎么应对的呢？ 他们在站台上加设垃圾桶，效果如何？ 乘客还是照扔不误，甚至扔得更厉害了。

于是，大都会交通局（MTA）试了一个新办法，选了两个地铁站，去掉了所有的垃圾桶。没想到，垃圾数量竟减少了 50% ～ 67%。MTA 的代表推断："乘客如果找不到扔垃圾的地方，就不扔了，往往会把垃圾带出车站。"垃圾桶可能传达了这样一种错误信息——无所谓，随手乱丢就好，反正会有人来清理。后来，其他地铁站和公共场所也效仿了该做法。

如何将第二种消除策略运用于自己的生活呢？首先，找出不起作用的东西。比如，你总完成不了待办事项清单，为了解决这一问题，你可能试过用新的任务管理系统，买了好几个记事本，设置了一个又一个日历提醒。我们常常陷入一个误区，以为自己必须多多采取行动，才能保持做事的动力。我们忙得团团转，最后却发现自己学了一堆没用的技巧，用了一堆没用的 App，列了一堆没用的待办清单。砍掉树上的枯枝，将不起作用的东西踢出你的生活，剩下的就是富有生机的健康的有机体。让生活回归简单。试试看，少做一点，反而可能有更多的收获。

第三种消除策略运用解构手法：挑一样东西，移除其中一部分，看看用剩下的部分能做出哪些新鲜事儿。没有椅子的餐厅会是什么样子的？没有球的足球比赛还能怎么玩？没有遥控器的电视机呢？没有方向盘的汽车呢？解构催生了许多项发明。说到底，手机不就是去掉了电话线的座机吗？

置办商业场地的高额花销，往往是创业公司的一大难题。或许，你不需要固定的场地，也能把业务做得很好呢？我知道一家颇具创新意识的日托公司，公司每天用大巴接孩子们下课，然后带他们去户外活动。孩子们会趁春天去森林散步，或者去农场观察小羊的出生过程，在夏天游泳，在秋天扫落叶，在冬天滑冰、坐雪橇。如今，该公司在四个城市开展了五个项目，项目之所以能如日中天，可不是因为这家公司有什么办公大楼，而恰恰是因为他们一座办公楼都没有。高额租金、购买场地的花销本会阻碍公司发展，而他们彻底消除了这一问题，还借机打造了其独一无二的卖点。

想让会议变得短一些吗？试试"消除"会议室的椅子。荷兰的应用科学研究组织（TNO）就用过这招。站着远不如坐着舒服，都想快点散会，就得提高开会的效率。TNO发现站立会议用时比普通会议短了三分之一。在荷兰，每年用于开会的总成本约达300亿欧元，如果全国的组织都改用"站立会议"，就有可能省下100亿欧元。

第四种消除策略是打破固有的假设。凡事都有固定的完成模式吗？在这个玩法所适用的情景中，你要做的就是铲除那些植根于心的预设想法——这件事"应该"这么做。农贸市场上有位卖水果的摊主，总的来说，他生意做得挺不错，水果卖得多，赚得也不少，但每天都累得不行。摊主其实也想再雇两三个帮手，但由此产生的工资和福利成本太高，他又不想为了避税用非法形式给员工支付报酬。到底该怎么办呢？一半工资以合法形式支付，另一半走非法形式？找个志愿者？他想得头都大了，最后干脆放弃了雇人的想法，重新发掘、采用了在食品行业已存在120年的销售模式——自助服务。他把水果摊摆成U形，让顾客自己挑选水果，他只管结账。

"每个组织都得有领导者"，这是商业世界的基本规则。可是，细细想来，为什么呀？ 谁说这一定对呢？ 一所名为Synergy 的南非私立学校主张进步式教育，强调自我负责。该学校的创始人、大股东、灵魂人物——同时也是许多员工眼里的专家、权威——突然宣布自己将不再担任校长一职。他坚信："只有制造混乱，才能激发能量。"因此并没有指定学校接下来的运营方向。匆忙之中，员工临时凑成工作组，想推选出新校长，但很快就发现，根本找不到合适的接班人。是啊，谁又够格取代创始人呢？ 后来，工作组想出了个好主意。何不运用员工赋权的理念呢？ 谁说学校非得有个校长呢？法律可没有规定这一点。于是，工作组决定请教师、其他职员和学校股东来分摊校长的职责。该校从此成了自我管理型组织。

打破固有假设有时会带来重大突破。我们默认火车应该按照时刻表发车，何不试着"消除"这个假设呢？ 某些线路的列车频繁发车，发车间隔调整至 15 分钟、10 分钟甚至 5分钟。这样一来，乘客就不需要按照列车时刻表来调整出行计划，只要到达站台，就能搭乘下一班车，不用管当下是几点钟，都能有车坐。只要条件允许，这样岂不比按照时刻表运行列车好得多吗？ 作家理查德·巴赫（Richard Bach）写的《海鸥乔纳森》（*Jonathan Livingston Seagull*）原以儿童为受众，但当时一直没有出版商愿意出版这本儿童读物，后来，理查德消除了"这本书只能作为儿童读物出版"的假设，又将之作为成人童话书推销给出版社，这才引起出版商的兴趣，此书后来畅销全球。

你对自己的工作有什么默认的设定吗？ 让·穆克（Ron Mueck）原本是一名澳大利亚橱窗装饰师。他极富创造力，在20世纪80年代便不再使用常规的橱窗模型，开始亲自设计、制作模型。慢慢地，他所创作的模型越来越逼真。后来，一位艺术收藏家发现了他的作品，穆克由此从模型制作者华丽转身，成了艺术家。

或许，你有一份职责相当具体、清楚的工作，这份工作和你的个人简历放在一起，就像一层包装纸一样，裹住了你的才能和经验。如果我们去掉这层包装纸——不再把自己的才能和经验局限于这层包装之下，那会怎么样呢？ 我们又会迎来什么样的机会？ 杰夫·加斯珀兹（Jeff Gaspersz）是一名创新教授兼创新顾问，曾在一家大型咨询公司工作，后来决定自立门户，创立了自己的咨询公司。他曾写过这样一段话：

"有那么一个阶段，我感觉自己的职业生涯似乎陷入了停滞。一个朋友对我说了一句话，让我至今感恩在心。她说："你可以从能量的角度去思考问题。推动你实现目标的能量势不可挡，你只需要找到一个新环境，让它继续流淌。"这个想法瞬间就让我切换了看待当下处境的角度。我突然意识到，创新的驱动力并不取决于特定的工作地点。视角一转变，我只觉得浑身一激灵，情绪得到释放。这在后来也引导我创办了自己的公司。"

　　我们常常认为，成功的秘诀就在于行动。这在逻辑上并无错误，但也不免片面。在很多时候，成功其实来自"不行动"。我们把多少时间花在做那些无足轻重的事情上了呢？我们若想实实在在地成功，首先得停止在这些事上浪费时间。整理日程安排，把没意义的事情通通丢到一边。不要再列什么"必做清单"了，相反，每天起床后都列一个"不做清单"：为了成功，我不该做些什么？像替别人收拾烂摊子这样的事情，纯属浪费时间，你可以立刻将它们踢出你的生活。也请反思那些为了赢得他人好感而做的事，比如立马回复所有的电话或邮件。其实，成功的核心就在于有不做某些事情的能力。用史蒂夫·乔布斯的话来说："专注，就是学会说不。"

　　"消除"可以带来美妙的解脱，同时也可能让人痛苦。你如果不爱好园艺，那就把整个花园都铺成地砖；你如果不再信得过自己的驾车技术，那就干脆把车处理掉。这么做不容易，却可以干净利落地解决问题。与爱人感情破裂后选择分手；辞去工作；不再和某个亲人联系。你并不能轻轻松松地"消除"

一切阻碍，但无论多痛，你都会迎来解脱——痛苦的结局孕育新的开始。主动喊停，总好过消极拖延。"既然没见着新鞋，就别急着扔旧鞋。"这是一句荷兰谚语，听起来是个不错的建议，但我想基于消除策略稍提异议。死守一家没有发展前景的公司，这可比断然放手要痛苦得多。你又有什么可失去的呢？我的一位好友曾说："创造始于清空：越是真空，吸力越强。"

因此，何不破釜沉舟？扔掉旧鞋，你可以赤脚走走；既然想开公司，那就去开；想成为风景画家，那就拿起画笔，租个工作室；想去旅行，那就买个房车，驶向地平线。你如果在内心深处知道自己正在做的事情没有意义，不妨停下来吧！

引进策略

打不过，就买来。

在荷兰，每年的国家预算都在国王讲话日公示，也就是9月份的第三个星期二。财政部通常严格封锁该消息，等临近国王讲话日的时候，才通知媒体预算细节。但是在2004年，预算信息泄露，荷兰主要电视频道RTL新闻提前近一周获取到该信息。第二年，财政部加强了信息保护措施，而RTL却再次提前挖到了独家新闻。于是，荷兰财政部决定改变策略。

财政部请皮特·克莱恩（Pieter Klein）担任首席信息官，而这位皮特·克莱恩又是何许人呢？没错，他就是 RTL 的前任政治新闻编辑。这一招确实有用，克莱恩对信息泄露的运作机制了如指掌，在他的协助下，那一年的预算信息没有被泄露。国王在讲话日当天，庄严公示了国家财政预算。

面对敌人，你可以选择对抗，也可以尝试化敌为友。既然打不过他们，那就和他们站在一边；或者，像上文案例中的财政部那样，把他们"买"过来。引进策略采用的就是这条思路，即把对手从"敌方"变成"我方"。足球俱乐部非常清楚这一点，经常挖走竞争对手的顶尖球员，实现一石二鸟的效果：既给自己争取来了一个好球员，又让对手失去了一个得力干将。

我们可以在各种情形中"引进"敌对"力量"，是友好相处，还是一招致命，只取决于你与"敌人"的关系。假设你是一位教师，你可能曾多次因为学生在课堂上使用手机而与他们针锋相对。教师为了"对付"课上用手机的学生而烦躁不已，有些学校为了解决这个问题，甚至要求学生一进教室就把手机放到教室前面的箱子里。显然，他们陷入固化思维，这一做法让很多学生反感不已。在看清局面后，越来越多的教师开始鼓励学生将手机用作学习工具。毕竟，手机就是能放在口袋里的计算机嘛，为什么不好好利用这一强大的工具呢？

喜剧演员萨拉·克鲁斯（Sara Kroos）曾示范如何温和地引进敌对力量。有一天，克鲁斯正好好地演着戏，一支狂欢节乐队开始在同一栋建筑里演奏，制造的噪声大到干扰了克鲁斯的表演。于是，她邀请这支乐队与自己同台表演。在乐队的助力下，整场表演变成了一场热闹快乐的狂欢节派对，观众都玩得非常尽兴。

引进策略是一项基本策略，其应用场合非常广泛。阿姆斯特丹市在设计一款新型地铁车厢时，想要确保该车厢在投入使用后不会遭受破坏。市议员马克·范·德·霍斯特（Mark van der Horst）大胆提议，把臭名昭著的破坏者请来，给他们一节车厢，让他们尽兴地"折腾"——这就是了解如何防患于未然的最佳途径。

对手并不一定都是敌人。这一洞见已经让许多公司意识到，可以请挑剔甚至愤怒的顾客来担任顾问。我们常常把批评——尤其是那些不具建设性的批评——视作敌意，习惯了将批评看作人身攻击，但是在绝大多数情况下，人们之所以表达不满，是因为想要满足需求。所有的组织都可以通过倾听这些需求而有所收获。聪明的公司已经设计了相关程序，督促自己认真对待客户的投诉，并基于投诉内容改进不足之处。

有些组织甚至主动邀请批评者加入团队。荷兰机构De Tussenvoorziening（荷兰语，意为"临时援助"）就做得非常出色，它位于乌特勒支，主要职能是为无家可归者提供住所和援助服务。组织的创始人兼总监朱利斯·范·达姆（Jules van Dam）告诉我："最初的岁月，往往最艰难。"该机构要在哪个社区开设庇护所，哪个社区就会有愤怒反对的居民。范·达姆说："我们第一次和社区居民见面的时候，现场往往乱作一团。通常是两三个人带头，煽动大伙一起抵制我们。但是过后，总有一些人羞愧地来找我们。他们说会支持我们的目标，但同时也有所忧虑，我们希望拉入伙的就是这种人。"

该组织为每个新的庇护所设立管理团队，其任务是全程负责协调工作，这些社区居民也受邀参与其中。他们的加入帮助该组织了解到应向市政府提出哪些诉求，以改善社区环境，比如在黑暗的街道上安装街灯。范·达姆说："我们的目标是，在设立庇护所之后，其所在社区的社区环境能有所改善。我们认真对待社区居民的投诉，并在与所有相关方的合同中记录诉求。"社区居民慢慢地开始接纳庇护所，一些居民甚至表示，社区有幸参与启动这个项目，他们作为居民也与有荣焉。范·达姆补充说："我必须说明一点，我们只有做到完全的开诚布公，遇到困难的事情也坦诚相对，不隐瞒不掩饰，才能赢得服务的人或社区的信任和尊重。"

庇护所投入运行满一年，De Tussenvoorziening 举行庆祝活动。范·达姆说，通常，最初带头抵制该项目的一两人会走过来说："这事办得这么顺利，你应该一早就告诉我们呀！"其中有一位变得十分支持工作，主动提出要去另一个社区，说服那里的居民同意设立庇护所。不过，他可实实在在地碰了一鼻子灰：当地居民咬定他根本不住设有庇护所的社区，只是该组织派来的托儿。范·达姆说："这位老哥可困惑了，后来还问我：'我当时也这么不可理喻吗？'我直白地回答说：'不，你比他们还难搞呢。'"

如何在日常生活中运用引进策略？你在面对潜在的敌人或竞争对手时，首先要问自己一个问题：对方有哪些可以让我受益的东西呢？我可以"融合"他们的哪些动机或品质，来实现自己的目标呢？因此，不要急着将对方视为"敌人"，不要急着去对抗，而是将之视为可能与自己有关的"一部分"。

你的嫂子总想操控一切？别和她对着干，而是将她融入你的生活，比如说，请她来为你布置婚礼现场！叔叔总是喋喋不休地谈论他成功的事业？邀请他下次在你的商务活动上做主题演讲！老板控制欲过强？请他详细检查你手头项目的关键环节，这样，你就能省时省力了。

总之，不要对抗，也不必盲目合作，你可以将对方融入你计划开展的过程之中，利用他们的力量，将他们纳入麾下。

合作策略

> 我把敌人变成朋友，不就算摧毁了敌人吗？
>
> ——亚伯拉罕·林肯

在美国一所学校里，几个男生经常扔给另一个年龄更小的男孩两枚硬币，然后戏弄地看着他做选择。一枚是 5 美分的镍币，另一枚是 10 美分硬币。男孩总选择 5 美分的镍币，原因很简单——它个头更大。老师跟小男孩说，10 美分硬币比 5 美分镍币更值钱。男孩回答："我知道呀，但是一旦他们知道我识得哪个面值大、哪个面值小，就不会再给我钱了。"

可惜，很少有冲突能被解决得如此巧妙，往往只会引起一场痛苦的拉锯战。最典型的例子就是战壕战。双方投入的时间、金钱和精力越多，就越没有一方愿意屈服，最终两方皆输。比如，爱人渐行渐远后，感情中的一方也许会想："我绝对不会结束这段关系，他（她）休想和别人快快活活地过日子。"

你即使赢得了战斗，仍有可能输掉战争。你一旦压人一头，往往就会出言羞辱对手，而对方的愤怒会在未来的某天像回旋镖一样飞到你眼前，打在你身上。通常，对手屈服并不能确保冲突消失，双方达成各自都满意的协议才能保证这一点。英国首相本杰明·迪斯雷利（Benjamin Disraeli）曾说：

"除了知道何时抓住机会，生活中最重要的事情就是知道何时放弃优势。"

在美国内战期间，林肯曾在一次演讲中以最友好的言辞形容南方叛乱者。一位老妇人，也是坚定的联邦主义者，对此非常不满——再怎么说，当时双方正打着仗呢！面对她的抗议，林肯回答道："我把敌人变成朋友，不就算摧毁了敌人吗？"

我们在面对敌对的情况时，将问题转化为机遇，威胁转化为新机遇；而在与人打交道时，也可以运用这条策略。我们可以与（所谓的）敌人达成协议，将其变成盟友，引导对抗能量指向共同目标。这就是合作策略的核心——忘却差异，强调相似之处。

合作策略将对抗能量引导到共同的目标上，从而淡化差异，突出相似之处。这种策略不仅适用于心怀恶意的对手，也适用于持中立甚至友好态度的个人。敌人，以及表面上的敌人多种多样。因此，在这个策略下，我们还可以采用多种不同的方法，各位可以称之为"子策略"。

合作策略和引进策略虽听起来相似，实际上区别很大。在引进策略中，我们将敌方纳入团队；而在合作策略中，他们保持独立，是我们的合作伙伴。实现方法有多种多样，其中最好的就是实现双赢——最终使双方都获益。

在某些地区，人们能喝到可口可乐，却服用不到必需药物。这听起来确实荒谬得很，但也是现实情况。

既然可口可乐（全球最大的软饮品牌）的分销网络如此发达，何不加以利用呢？ 这就是 ColaLife 组织创建的初衷，该组织利用可口可乐的分销系统，将止泻药运送到赞比亚的偏远地区。在非洲的大部分区域，腹泻引发的脱水是儿童的主要致死原因。该倡议特别设计了援助匣（AidPods），它刚好可以被嵌在可口可乐瓶颈之间的空隙中，这就是双赢。

为什么这个例子是合作策略的典范呢？ 原因是，两方携手，实现了各自无法单独完成的事情。同时，双方都有所获益。ColaLife 利用这种方法分发药品，而可口可乐也可以借机打造良好的企业形象。

一位建筑工人需要修缮学校户外活动区的地面。他趁着孩子们上课，用黄黑警示胶带围起施工区域，然后开工。但一到课间休息，孩子们就冲出来，打断施工。这些孩子根本不管什么隔离胶带，一脚跨过来，围住这位工人。他示意孩子们安静下来，但小孩子才不理他呢。课间休息长达一小时，这位工人浪费不起那么多时间，于是请孩子们"变身"施工助手，让他们送来所需铺设的砖瓦。这群孩子热情饱满地投入工作，很快就完成了任务。

一家荷兰公司的管理团队想要改组其采购部门，但在荷兰，此类变动须经代表员工利益的中心工作委员会（CWC）批准，而委员会坚决拒绝了改组提议。此类冲突通常会经法律手段解决，但管理团队却请求 CWC 详细指出改组计划的纰漏。CWC 列出了一长串问题，而管理团队又作何回应呢？他们完全同意 CWC 的观点，这并非他们拉拢 CWC 的伎俩，只因为管理团队与 CWC 有着相同的目标——让部门运转得更好，而 CWC 的意见很重要。CWC 的成员直接愣住了。他们已经习惯了斗争和冲突的互动模式，着实没想到，原来管理团队只是发自内心地想知道如何改善计划，没有一点敌对的意思。管理团队只抛出一个简单的问题，便揭示了自己与 CWC 的完全一致的立场，之后，该部门顺利开展了必要的变革。

认真考虑共同利益，甚至可以将"死对头"化为盟友。

我的公司与荷兰缓刑人员行为矫正机构（Reclassering Nederland）合作开展了为期两天的翻转思维工作坊。该组织是一家全国性基金会，与缓刑人员合作，为他们提供社区服务等工作机会。我们向与会者介绍了翻转思维的各项策略，请他们凭直觉选择当下对自己最管用的策略。他们大多投票选择了合作策略。为什么？ 他们的敌人是谁？ 答案很简单：媒体。该组织最近因为一些问题案件而成为新闻焦点，团队决定将媒体变成合作伙伴。与会者说："毕竟，获得媒体关注，对剧团、企业来说都是好事。我们把这变成优势吧！"几天后，组织董事会主席谢夫·范·赫尼普（Sjef van Gennip）请一家全国性报社来做采访。结果如何呢？ 该报社写了一篇头版文章，介绍该组织改进服务的计划。"当然也不全是好话"，范·赫尼普也承认，文章免不了有批评的话。"但是我们也确实期待引发几场辩论。"

应用合作策略有一前提，那就是你必须愿意重新审视自己对当前情境的预设。当下真的存在问题吗？还是说，你没能积极地看待眼前的情境？

合作策略的另一种形式是，向对手寻求支持、建议甚至帮助，以此唤醒他们的善意。大多数人都渴望展示善良的一面。想当初，年仅 13 岁的史蒂文·斯皮尔伯格经常挨欺负，霸凌他的是同社区的壮男孩，那个男孩长得有点像约翰·韦恩（John Wayne）。斯皮尔伯格回忆说："他总把我推倒在草地上，抓着我的脑袋按进水池中，或者按进泥地里，甚至在体育课上一球踢在我的脸上，打得我直流鼻血。"斯皮尔伯格意识到自己永远无法打得过这个男孩，于是决定换一种方法——请他帮个忙。斯皮尔伯格当时已经开始制作电影了，他对那个男孩说："我正在拍一部电影，你可以来我的电影里，扮演一位战争英雄吗？"壮男孩起初只是嘲笑他，但后来应了这份差事，还在拍摄期间帮着忙前忙后。最后，他成了斯皮尔伯格的挚友①。

① 本案例仅为配合说明合作策略可以被应用于人际关系，我们反对各种形式的霸凌行为，实际生活中遇到霸凌应第一时间向长辈、警方等求助。——编者注

在 20 世纪 70 年代后期的荷兰比瑟姆市，一位杂货店店主也采取了类似的方法，来解决店内失窃的问题。经营这家杂货店的老人发现，当地的一群熊孩子经常来偷糖果。有顾客给他出招，说直接不许这些小孩进店就好了，但店主另想出了一个计划。有一天，其中最难管的孩子又来店里"随便逛逛"。店主对他说："我得去房后看看，你帮我看一下店，好不好？ 这里经常有孩子来偷糖果。"男孩点了点头，然后像保安一样，笔直地站在柜台前。据店主所说，从那以后，这位男孩再也没有来他店里偷过东西。

还有一种与"敌人"合作的方式，那就是给他一个体面的退路。如果你能给他人一个不错的选择，让对方可以从冲突中脱身，那他们通常会毫不犹豫地抓住机会，来解决问题、保全尊严。

塞巴斯蒂安·贝利（Sebastian Bailey）和奥克塔维斯·布莱克（Octavius Black）在《心灵健身房》（*Mind Gym*）一书中提到了一个绝佳的例子。一名职员和上司起了不可调解的冲突。他们在同一家公司里绝对待不下去了，但谁都不想走。上司毕竟有优势，员工只好找了一家猎头机构，想让他们帮自己物色一家新公司。但他又想了想，第二天又找到这家猎头机构，滔滔不绝地说起了他上司的好。几天后，猎头机构找到了上司，很快帮他在另一家公司找了份更好的工作。上司立即从原公司辞职，而该职员则高高兴兴地留了下来。

另一种高明的合作之法是问题交换。一个人的问题，可能是另一个人的机会。例如，巴西的年轻人渴望学好英语，但付不起高昂的学费，而许多美国老人无人陪伴，期望找人倾诉。CNA 对话交流（CNA Speaking Exchange）项目巧妙地连接了这两个群体，通过"交换问题"来满足彼此的需求。

本章最后，我再来分享一个小故事。

故事的主角是一位患有帕金森病的 60 岁比利时妇人。有一天，她在浴室跌倒，这一倒，便站不起来了。她在事后向《标准报》（De Standaard）叙述自己的经历："那天晚上，我以为自己要交代在那里，躺在地上，脑袋、后背和全身肌肉都疼得厉害。只能拿毛巾盖住身子，让自己暖和点。"过了几小时，房里传来的奇怪声音，把她吵醒了。老妇人以为是警察，便大声呼救，没想到来的是两个贼。她开口求助了好几次，最后其中一人终于看不下去了，打电话叫来急救服务。警察在十分钟内赶到，小偷匆忙逃走，什么都没来得及偷走。

吸引策略

我来给各位讲个发生于计算机黑暗时代的故事。在 20 世纪 80 年代末，英国航空（British Airways）公司的一个部门计划使用计算机，该部门大多数成员认为这是自己职业生涯的一大威胁：此次转变会如何影响他们习以为常的工作方式？

公司能否培训到位？ 部门内部多次开会讨论此计划，而成员始终持抵制态度。如何改变他们的想法呢？

人为什么会采取行动？ 从本质上讲，大致只出于两个原因：渴望或恐惧。很简单，爱与恐惧，渴望与厌恶，正如"是的，而且"与"是的，但是"。

那么，哪个更具激励作用，是恐惧，还是渴望？ 总的来说，奖励没有恐惧管用。我们一感到不安全，就会立即采取行动。安全是生活的基本需求，因此也是我们的优先考量。懂行的经理和顾问都深谙此要义，这也是棍棒策略的基础：不听话，就得挨打。荷兰人常说"着火的钻井平台"，这是一个隐喻。员工只须明白当前公司的处境有多危急，就不会再固守现状，而是毅然行动。他们宁愿跳下平台，跃入大海，也不愿被活活烧死。经理变着法子吓唬员工："业绩如果再不见长，公司一定会破产。""没办法了，我们得裁掉大多数员工。"这种做法有效吗？ 短期内绝对有点用。毕竟，人们往往选择迎难而上。不过，如果恐惧是唯一的"动力"，等到最可怕的危机过去，大家就又回归常态了。

公司变革往往能精准复现这种模式。一开始，员工都心怀憧憬，想让公司更好，看上去也都支持变革，但过不了多久，他们就想走回头路。要让人接受变革，你必须得抛出他们所渴望的东西，而非摆出人家不想要的东西。那该如何做到呢？ 你如何让人们主动"渴望"某样东西呢？ 这样不会自相矛盾吗？

　　英国航空公司在面对员工的反对时，是如何回应的呢？公司本可以全然不顾员工的意见，甚至可以放话解雇那些抱怨个不停的人，以此要挟。然而，该公司并没有这么做，管理层只是在办公室的一角安装了台计算机，邀请员工来体验一把。员工从未想过这台机器用起来这么简单方便，试用过之后，纷纷询问能否快点拿到自己的计算机。

　　恐惧能让人有所行动，但效果维持不了多久，而渴望则驱动人做出长久的改变。人一旦渴望某样东西，就愿意去行动，持续做一切必要的事情。因此，运用吸引策略，就在于触动内心、点燃渴望。[①]

　　渴望是生活中最美妙的力量。它真实存在、由心而生，是最纯粹的人类情感。它自发，不受控，强烈而真挚。正如哲学家恩斯特·布洛赫（Ernst Bloch）所说：

　　"我的结论是，渴望是人类唯一真诚的品质。人可以撒各种各样的谎，虚假可能渗入一切。爱，可能是装出来的；礼貌，只是教养问题；帮助他人，也可能出于自私的动机。但是，人无法操控渴望，我求故我在。"

[①]　我曾写书探讨如何在育儿和教育过程中运用翻转思维，在书中总结过：父母的育儿诀窍是转移注意力，不再关注"自己不想要什么"（如孩子的恼人举止）"，而是去想孩子渴望什么。

　　我正坐在城郊一所安静的房子里，写着这本书。当我向窗外望去时，映入眼帘的是大片起伏的草地，而草地的周围，环绕着一圈篱笆。在草地上离我不远的一角，有一匹小马。这是匹巧克力色的袖珍马，颈上有白色的鬃毛，一束不服管的鬃毛垂在眼睛上。草地很大，它却总爱定在泥地的同一个角落，几个小时都不动。不过，它偶尔也会如同晴天中划过的闪电般毫无预兆地奔驰起来。用奔驰这个词来形容它，真的毫不夸张：着魔似的在草地上来回奔腾，快得像是要将风劈开；兴奋，狂野，陶醉，时不时前蹄腾空，轻轻地跳一下。等到玩够了，就再回到那个角落。我全程看下来，很受触动。是啊，这匹小马驹身上有无穷的能量和对生活的热忱，它热爱奔跑，只为了奔跑而奔跑。这就是一种纯粹的渴望。

　　顺着逻辑来，我们该问两个问题：人们渴望什么？ 如何将渴望用作杠杆撬动问题？

　　先辈们已经提出了许多理论，开展了无数实验，以求探清人类渴望的奥秘。亚伯拉罕·马斯洛（Abraham Maslow）画出了一个著名的金字塔，给各种需求划分等级。金字塔底层是食物、住所等基本需求，顶层是实现自身的价值和对人类进步做出贡献的渴望。教育学理论强调三个基本需求：相关性、自主性和能力。心理学教授罗伯特·西奥迪尼（Robert Cialdini）提出了说服六原则，分别迎合人们对于互惠、承诺和一致性、社会认同、权威、喜好和稀缺性的渴望。

如何利用渴望将问题翻转为机遇？ 我在寻找这个问题答案的过程中，也运用了翻转思维。我不想上来就讲理论。这么多年了，我也了解了不少有关运用吸引策略的案例，将其整理分类后，我总结出四个利用该策略的要点：稀缺、互惠、一致和自主。

稀缺原则指出，某样物品越稀缺，人们往往越渴望得到它。"稀缺"与"没有"不同。某样东西如果压根不存在，那你得不到它也算不了什么很遗憾的事。但如果这样东西很稀缺，别人有，偏偏你没有，那你可能就受不了了。通常情况下，产品越稀缺，这种机制的作用就越强烈。罗伯特·西奥迪尼对此有如下解释。

某物一旦稀缺，就会引人为之争斗。商店外排起长队？快快快，我也去排队！ 亲密关系中出现竞争对手？ 加把劲，竞争上岗！ 要卖房子？ 多找几个买家！ 这种兴奋不仅仅是一种情感体验，还会引起生理反应。想想动物满足食欲的本能，你就明白了。

营销人员释放信息，暗示某商品很稀缺，从而吸引买家：在时间上，有"仅限今天""离开礼堂前报名参加另一场研讨会即可享受 500 美元的折扣"或"电话只接听至晚上 10 点"；在数量上，有"仅剩几本""存货有限""售完即止""这可能是滚石乐队最后一次在你附近演出"；在获取权限方面，则有"仅限会员""专属订户"等。

营销人员还会巧妙地运用互惠策略。对于互惠的渴望，是人类最强大的心理机制。给予什么，就会得到什么，这是我们生活中的深切体验。投我以桃，报之以李。这种信念的力量不容小觑。在几乎所有文化中，那些违反互惠原则的人都会落得自私和贪婪的坏名声。我至今记得，父亲十分恼火地谈起了一位认识几十年的"朋友"，那人爱喝酒，却从不自己买，总指望别人请他。当时我还是个小孩子，看着父亲眼中的怒光，明白了一个重要的规则：你要是拿了人家的，就得给人家回报。即使是一群整天称兄道弟、个个富得流油的好朋友，嘴上说着不在乎谁出钱多、谁出钱少，但还是会算计每个人是否付足了自己那一份钱。在恋爱或者婚姻中，给予和索取的天平可能有所倾斜，甚至在长时间里都如此，但人们往往还是希望付出和收获能对等。有相关研究甚至表明，在一段给予和索取失衡的关系中，双方都会感到更孤独。心理学家皮特内尔·迪克斯特拉（Pieternel Dijkstra）和格特·贾恩·穆尔德（Gert Jan Mulder）写道："给予和索取平衡的理念，与维持友谊（或更广义地说，情谊）应不算计条件的理念相悖，后者确实非常浪漫高尚，但并不符合现实。"

互惠机制解释了为什么科学家可以免费旅行，为什么超市要摆免费试吃台，以及为什么公司绝对不在给供应商送礼物和团建活动上省钱。获得好处的人觉得自己有义务去回报对方，科学家会为新研发的药品说好话；顾客试吃过奶酪后，如果觉得味道还可以，就会顺便买点；员工玩得开心了，就不介意加点班。这个机制还解释了为什么人们很难接受他人"无缘无故"给予的东西。直觉告诉我们，不存在所谓"不带附加条件的给予"，别人只要给了我们什么，就一定期待有所回报。

这种策略反过来也可以用。一个男人经常被同社区的小混混骚扰，新搬来的居民实在看不下去了。就想出了一个妙招——"奖励"这些小混混。他们找到这群人，说："麻烦各位帮帮忙，那个家伙真的非常讨人厌，只要各位能让他不好过，我们愿意每天给你们每人 10 欧元。"这群小混混听得耳朵都竖起来了，一口答应了下来。几周后，这些"赞助商"又来了，说自己手头有点紧，不能再付钱了，问几位能否继续为难那个家伙。小混混们义愤填膺：什么，你以为我们会打白工吗？于是，他们收手了。

互惠机制威力巨大，关键时候甚至还能救人命。科学家伊伦劳斯·艾布尔 - 艾布斯费尔德（Irenäus Eibl-Eibesfeldt）讲过一个故事，故事的主角是一位一战中的德国士兵，这名士兵极其擅长在敌方阵地俘虏敌兵。有一天，他再次出其不意地出现在一名敌兵眼前。这个毫不知情的士兵当时正坐着吃面包，突然遇袭的他，反应如何呢？他慌极了，掰了一块面包，递给了德国士兵。德国士兵盯着递过来的面包，一下子蒙了，放过了那个士兵，转身回到自己的阵地。

撬动吸引的第三个杠杆是人对一致性的渴望。我们都希望呈现一致的个人形象，也期望别人如此。我们希望他人言行一致，不愿意看他们每五分钟就换套说辞；我们认为言行不一的人"靠不住"，甚至不够理性。相比之下，说到做到的人则坚定可靠、颇具理智。这也没什么好奇怪的，成员按照承诺行事的社会，比人人都只说不做的社会运转得更加顺畅。一致性的价值取向原则在人类文化中根深蒂固，是影响他人的有力手段。

营销人员也是这方面的专家。他们常用的技巧是，先问一连串答案为"是"的问题，把他人带入说"是"的节奏。你一旦连着说"是"，说上几次，就很难在随后的问题中给出否定的回答——即使这些肯定的答案之间毫无关联。

夸奖他人是应用一致性技巧的另一种形式。老板赞扬员工的效率高，员工就会希望持续受到认可，努力保证效率。奉承对手也是一种行之有效的夸奖形式，比如说，你可以向对手求助。求对手帮忙？这听起来似乎有些矛盾，但其中的逻辑非常巧妙。你在向对方寻求帮助时，传达了这样一个信号：在你眼里，对方肚量足够大，能够跨越彼此之间的分歧。对方会符合这种评价。本杰明·富兰克林（Benjamin Franklin）在宾夕法尼亚州议会任职期间，与一位政治对手长期不和。不管富兰克林多尊重对方，那个人总是表现得非常刻薄。富兰克林每次和解的尝试，都会被对方的怀疑击碎。既然此路不通，富兰克林便决定换个法子。他得知对方收藏了一本非常珍贵的书，便写信给他，请求借阅这本书。那人收到信后，立即把书送到了富兰克林手中。一周后，富兰克林还了书，还附有一封精心写好的感谢信。接下来，发生了什么呢？两人从此缓和了关系，最终成为朋友，情谊比各自的政治生涯还要持久。

第四种技巧利用的就是人们对自主的渴望。当然，你并不一定非得禁止什么东西。孩子年龄还小的时候，我家每到假期都是灾难现场。一个小孩想玩这个，其他的想各自干各自的事，想做的事情又相差十万八千里。好不容易想出每个孩子都可能喜欢的活动，结果，孩子个个抱怨，当父母的也玩得很恼火。最后，我和妻子想出了一个主意：每个人都列出自己的愿望清单，尽力满足全家成员对假期的期望。没想到，清单上的条目压根不是我们预期的那种复杂活动，没人提要去游乐园，上面列的都是些简单的小事，比如晚餐时吃到某样菜。我们按照愿望清单上的内容，为每个家庭成员都定了一个"特别日"。只要到了特别日，当天一切活动都围绕特定成员的愿望展开。这次，大家都满意了：一来，人人都有了自己的特别日；另外，我们发现自己都很喜欢为对方安排特别日。

　　熟人给我和妻子支过一个小妙招，专治孩子不吃蔬菜的毛病，其原理就是巧妙地利用孩子对自己做主的渴望。小孩一般都不爱吃蔬菜，我家孩子也是这样，不过他们倒是喜欢煎饼。这位熟人知道后，建议往煎饼里加蔬菜。我们便开始往面糊里加菠菜，孩子直接吃下了这些绿色的煎饼，没有一句抱怨。故事还不算完呢，否则，这个育儿小技巧就不会收录在这本书中了。毕竟，把蔬菜悄悄放进孩子爱吃的食物中，现在是个尽人皆知的法子。真正的"翻转思维"时刻，在几年后才发生。有一天，我端来了普通的煎饼，孩子们反而一口也不吃了。"啊呀呀，这些煎饼白不白、黄不黄的，哪有人想吃呀？ 家里就没有正常的煎饼吗？"

　　我将在本章结尾谈谈美国康涅狄格州德比市（Derby）的格里芬（Griffin）医院，希望能说明这一点。以下故事的美妙之处在于，该医院只运用了简单的技巧，就取得了空前的成果。

　　医院经营得并不好，董事会委任了新 CEO 帕特里克·查梅尔（Patrick Charmel），要他加设产科病房，从而获得竞争优势。查梅尔便展开调查，他询问来院分娩的妇女，问她们理想的分娩室应该是什么样子。准妈妈们的回答实在出乎意料：允许老公夜里留宿，允许祖父母在分娩时陪同，为孩子准备特别游乐区，配备按摩浴缸，设置厨房以供家庭自己做饭。清单里的条目都太奇特了，没有一家医院能够满足所有要求。

查梅尔怎么办呢？ 他下决心实现所有的愿望。医院没有合适的双人床，不方便老公留宿？ 查梅尔便找人定制了双人床。按摩浴缸会引发感染？ 他深入调查，发现这只是一个谣言。查梅尔最后几乎满足了所有愿望。产妇对新病房赞不绝口，病房区氛围也更加积极、温馨。是否也有乱作一团的时候呢？当然了，比如患者举办家庭派对时。有些员工会辞职不干了，不过更好的员工补上了空位！ 新设施吸引来了关怀患者的新员工。该项目的成功之处体现在哪里呢？ 一是，患者满意度提到 96%，之前可没有医院能拿到这么高的分数；二是，医院赚了不少钱，不仅摆脱了之前的亏损状态，还很快有了足够的盈余，可以按照同样的思路重新设计医院其余的病房。多年来，格里芬医院获得了数十个奖项，包括一次提名《财富》杂志"最佳雇主 100 强"。截至 2008 年，这家医院曾连续九年入选美国医院百强榜，这在美国的医院中可是空前的成就。

游戏

以"游戏"为出发点的策略基于以下观点：比赛赢家通常是游戏规则的制定者。有时候，改变规则是翻转问题的最快方式。游戏类策略强调创造力、智慧和幽默。

炫耀策略

也许除了少部分演员，所有人都在演戏。

在肯塔基州，地下石灰岩经水流冲刷形成巨大天坑是常有的事。有时，天坑大到会吞下整幢楼房。2014年2月12日，科尔维特博物馆（National Corvette Museum）就摊上了这档子事。视频显示，几分钟的工夫，博物馆里就出现了一个长12米、宽10米的天坑，至少"吞"下了八辆雪佛兰科尔维特跑车。最初，这场灾难仿佛是一个诅咒，博物馆陷入舆论危机，管理层着急地四处筹资，想填平大坑。不过，"含"着八辆科尔维特跑车的天坑迅速走红，成为热门打卡景点，管理层便重新摸索处理思路。灾难发生后，博物馆都不用再打广告，就吸引了超原来六成的游客。博物馆再也不谈"坑"色变了，如今甚至卖起印有天坑照片的 T 恤和明信片。

　　我曾经做过一段时间的戏剧导演，这一行教会我一个道理，那就是得学会接受问题。一位演员突然想即兴来一段，他边迈着台步，边说："嗷，我是只熊。"其他的演员如果回应说："呃，你看起来更像只兔子"，或者"你可不是什么熊，你只是个演员"，那场子可就冷住了。接下来舞台上不管发生什么，演员都要接受，否则，场面就救不回来了。

　　演员学着接受问题，而编剧和剧作家善于利用问题。其实，他们很愿意看到问题出现，因为问题恰恰就是剧情的助推器。观众喜欢舒舒服服地坐着，旁观主人公承受压力，当然，手里如果再拿杯啤酒或葡萄酒就再好不过了。要想构思出一个扣人心弦的故事，不妨想象你自己有哪些无论如何都不愿意经历的事情，让你的主人公在 90 分钟里拼尽全力地与之抗争。

　　现实生活中的问题都有实实在在的后果，而戏剧则不然。在戏里，就算天都塌下来了，你也始终安全。晚上 9 点 25 分，演员正在台上，因戏中爱人的死去而痛哭，而 9 点 32 分，他可能已经来到休息室，拿着一杯啤酒，谈起他参加过的某个盛大派对。你如果进入这个行业，就会有一项额外的收获，那就是学会了"玩"问题。你会感觉自己能够驾驭问题，就像驾驭一匹易惊的马一样。你应该学着从各个角度看待问题。"玩"问题，使你能够掌控问题，发现自己并不因问题而束住手脚，而是拥有它，因此可以通过各种方式与之互动。

这就引出了第 12 条策略——炫耀策略：你在一般情况下越想隐藏什么，在应用这条策略时，就越该大大方方地展示什么。

有一次，我培训迟到了。幸好，我知道当天上课的学员都很有幽默感。我到了班上，对他们说："各位，非常抱歉，我迟到了 15 分钟。我可以尝试跳过一些课程内容，但为什么我们不换个办法呢？大家把手表回拨 15 分钟，然后拿起包和外套离开房间，我会准备好培训道具。等我说可以进来，大家再回来。我保证，这节培训课虽然比原计划短 15 分钟，但内容更丰富，这样可以吗？"学员欣然同意，兴高采烈地演了起来。其中一位甚至还因为自己晚进来了一会儿而道歉。

我们通常一遇到问题，就想把它遮住，这可能导致非常尴尬的局面。口吃的人最有感触。他们越想说话利索点，口吃得就会越严重。有句话可说得太对了："口吃，就是你在努力抑制口吃时所做的一切事。"这是恶性循环——一种自我强化系统——的完美例子。心理学家保罗·瓦茨拉维克曾成功治好一位销售员口吃的毛病。他让这位销售员尽量复现自己口吃的样子，故意说话口吃。这位推销员越想模仿口吃，说话就越流利。

炫耀策略的精髓很简单：展示问题，而非隐藏问题。我们可以将这个策略应用到生活的许多领域。事实上，我们隐藏问题的倾向常常太过强烈，这恰恰使对立的反射——故意炫耀问题——成为最有效的翻转思维策略之一。你采用了这个策略，就会发现生活是多么的有趣、轻松和富有创造性——对你和身边的人来说都是如此。

这里，我还是基于大量事例分析来阐述本策略，而选择在本书呈现哪些事例也不是一件容易的事。一旦和炫耀策略挂上钩，故事总是一个赛一个的离奇。因此，我在本章只挑着讲几个故事，分别代表四种关键思路。第一个就是科尔维特博物馆的故事，这个故事启发我们：要将灾难视为意图，而不要总想着修复现状，选择与之"共事"。下一个讲的是夏威夷考艾岛上的一家纺织印刷公司的故事。1992年，飓风伊尼基席卷考艾岛，公司被糟蹋得满是脏水和红土，本来准备交付印刷的白色T恤也被搞得又湿又脏。

公司没有直接扔掉这些带着红泥污渍的T恤，而是决定直接晾干，而晾干后的T恤成了独特的白兰地色，公司又接着印上最典型的夏威夷风格文案和图像。这些"红泥T恤"成了爆款，该公司后来便专门做泥染纺织。

更为魔幻的"灾难即意图"案例发生在新西兰。在一次地震中，菲尔·约翰逊（Phil Johnson）家的车库被一块重达 25 吨的巨石砸中。石头砸穿屋顶，堵住了门口。这是一场彻彻底底的灾难，菲尔不仅因此蒙受巨额损失，还得解决掉一块搬都很难搬起来的石头。对此，他做了什么呢？他深情地称这块石头为"洛基"，在线上平台"Trade Me"上将其拍卖掉。菲尔上传了一张石头的照片，还在下面附上促销文案，幽默地解释了为什么拍下这块石头是一次绝佳的投资机会，说得确实很诱人。广告很快就引来数百条评论，其中不少人都在开与石头有关的玩笑。菲尔不同寻常的拍卖成了全球新闻。这个故事的结局如何？在 2011 年 3 月 4 日，有人出价超过 60 050 新西兰元（约 42 000 美元）[1]，拍卖结束。另外，中标人必须负责取走这块石头——拍卖广告中有一行小字，这是小字里写清的条件。

炫耀策略的第二种使用思路是"若不能隐藏，就将其涂红"。埃尔顿·约翰（Elton John）患有眼疾，在演出时也需要戴眼镜。最初，埃尔顿戴眼镜的样子也就一般，算不上帅气，这对他的事业来说是个减分项。但后来，他戴起了款式花哨的眼镜，以此化劣势为优势，眼镜成了他的标志性穿搭单品。

倒一杯健力士啤酒是个费时的活儿。调酒师先将杯子倒

---

① 菲尔表示，将把洛基拍卖款捐赠给当地的地震受灾者救助基金。

满四分之三，然后静置，等啊等，直到酒面上的泡沫稳定下来，再倒满至杯口。从 20 世纪 90 年代初开始，人们的生活节奏加快，"花时间"逐渐成了该品牌的痛点。顾客都想快点喝到啤酒，耐不下性子等这几分钟了。因此，在英国各地，健力士的销量暴跌。公司开始打广告，讲解如何"正确"地倒出一杯健力士啤酒，还喊出"好东西只给等待的人"和"倒一品脱① 完美的健力士需要 119.53 秒"等口号。健力士首席酿酒师费加尔·默里（Fergal Murray）说："不是每个人都能倒出一杯好啤酒。"就这样，倒一杯健力士啤酒变成一项神圣的酒吧仪式。健力士通过夸耀曾经的痛点，重新赢回了失去的市场份额。

我将炫耀策略的第三种思路称为"低位策略"。这一灵感来自英国喜剧演员、作家兼电视制片人斯戴芬·莫昌特（Stephen Merchant），他说："我把自己摆在观众的下位。"他的意思是，你作为演讲者或演员，应该始终将自己的地位放在观众之下。当然，你可以说一些聪明话，但务必始终从弱者的角度来说。为什么呢？这让你更加接地气。人们更容易共情倒霉蛋，而非看起来比自己更成功的人，他们在其中看到了自己的影子，毕竟，有谁不会偶尔搞砸一次呢？

我参照了巴塞罗那的圣家族大教堂（Sagrada Familia）

---

① 一品脱 ≈ 568.26 毫升。

（圣家堂）之名，将炫耀策略的最后一种子策略命名为"圣家堂法"。

该圣殿原出于著名建筑师安东尼·高迪（Antoni Gaudí）之手，始建于 1882 年，建筑进程极为缓慢。高迪将全部心血都倾注于圣家堂，甚至吃住都不离开施工现场，直到他 1926 年去世，他都从未接手其他任何项目。高迪立志将圣家堂打造成一件艺术品，他精雕细琢，至死仍未完成这件作品。其他建筑师在接手项目后，依旧坚守完美主义，以同样缓慢的速度推进建筑进程。如今，圣家堂仍未完工。根据当前的施工计划，直至高迪逝世 100 周年纪念日——2026 年 6 月 10 日，该教堂都不太可能完工。但这是个问题吗？ 绝非如此；圣家堂每年吸引数百万游客，而"未竣工"正铸就了其传奇性。甚至可以说，圣家堂如果完工了，还有可能减掉几分神奇的魅力。

圣家堂的故事启发我们：不要再仅仅关注成品，而将注意力转移到过程本身；在过程中遇到的困难，或许值得夸耀。我们观看过伟大的戏剧后往往发现，自己对那些奋斗、跌倒却坚持前行的人满怀同情。各位也许认为他人最关心你们成功与否，其实不然，你们一路走来遇到的光景也同样抓人眼球，尤其那些沿途满是荆棘、需要牺牲自己利益的旅途。几乎可以肯定，显露而非隐藏这些艰辛，会让我们获得更多同情和钦佩。设想一下，邻居滔滔不绝地炫耀自己的孩子多么多么有本事，这是不是够惹人烦的？ 我们更愿意与人谈论抚养孩子的复杂之处。人们只能赞美成功，却可以分担忧虑，以此增加沟通。

强生公司曾完美处理旗下止痛药泰诺引发的公关危机。泰诺占据美国 37% 的止痛药市场，年销售额达 12 亿美元，但在 1982 年，该品牌几乎遭遇灭顶之灾：芝加哥零售商的多瓶泰诺药被人投入致命成分氰化物，很快造成七人死亡，而投毒人则无迹可寻。各大媒体报道了这一事件，泰诺的市场份额立即降至 7%。分析人士预测，泰诺这个牌子怕是再也起不来了，强生公司甚至也要因受牵连而倒闭。然而，强生公司竟在半年内，夺回了泰诺之前的市场份额，并且借机优化了公司形象。强生公司的秘诀是什么？ 领导层意识到：只声明公司遭人陷害、拒绝承担任何责任绝对行不通。强生公司决定公开透明地处理该事件，并表示愿意承担一定责任。尽管投毒事件仅波及芝加哥地区，但强生在全国范围内收回全部止疼药，下架药品达 3100 万瓶。首席执行官詹姆斯·伯克（James Burke）接受媒体采访，召开新闻发布会，参加新闻节目录制，不断强调强生公司对投毒事件负有责任，还为顾客提供了免费咨询热线。投毒事件发生不到 10 周，泰诺止痛药重新上市，采用了三重封装。

这一策略反响极好，连时任总统罗纳德·里根（Ronald Reagan）都赞不绝口，说强生是各公司履行责任的榜样；各管理课程也将强生公司的做法奉为危机公关的典范。

永远不要把失败视作不可化解的问题，而要始终思考如何夸耀你的问题。

角色颠倒策略

> 让人们走向你的唯一方法是允许他们离开。

角色颠倒策略是指，你要打破现有的角色设定，扮演对方的角色。这样一来，你就迫使对方做了同样的事：接过你的角色，开始从不同的角度看待问题。我曾在荷兰南部的一所学校做过演讲。有位女老师告诉我，几周前，她班里的男同学气冲冲地找过来，问：为什么他，一个男生，只得到了六分，而全班女生都得到了七分以上的分数？ 老师本想和男孩好好理论一番，不过最后决定以其人之道还治其人之身。她也气鼓鼓地回答："是啊，我也很吃惊，真正的男子汉一般都能拿到至少八分呢。"接下来，轮到男孩震惊了。

想要颠倒角色，当然需要有点演技。你不能只是做做样子，你得让人信服，对方也必须真信你的话。

幸运的是，演技是许多普通人都拥有的能力。有一天，我的朋友在玩具店遇到一家三口，小男孩疯狂哭闹，非要爸爸妈妈给自己买一套电子鼓。那家父母不想买，耐心地解释说，男孩刚过完生日，收到了很多新玩具，而且电子鼓价格不菲。可是，男孩还是哭闹个不停。父母后来说，不想再讨论这个问题了，男孩则哭得更大声了。我的朋友目睹这一幕后，忍不住想教训一下那个小男孩："嘿！你没听见爸爸妈妈说什么吗？不让买就是不让买！"但是，他没有那样说，而是装作和孩子站在一边，大声对孩子说："我不是故意听到的。不过，你的父母真是太不讲理了吧！他们居然不让你买那套鼓，真是糊涂啊，他俩太狠心了。"然后又对着父母说："你俩真该害臊，当父母的居然能干出这种事。"这家人都沉默了。男孩缩了缩身子，朝着父母那里挪了挪，用几乎听不到的声音回应我的朋友说："我的妈妈和爸爸其实对我很好。"

　　要想使用角色颠倒策略，其实不必这样无礼。你也可以温柔地施加干预。这里有个父亲帮助患有孤独症的女儿刷牙的故事。这位父亲曾找我做一对一咨询，说明了女儿的刷牙问题。通常，他得检查女儿刷牙刷得怎么样，如果有哪里没有刷到，就帮她再刷一下。这往往得费很大的劲；毕竟，这也太让人不舒服了，谁愿意有人使劲往自己的嘴巴里瞅呢？因此，女儿每天一刷牙，两人就跟要打仗似的。在咨询中，我们想出了办法，让父女俩互换角色。父亲先刷牙，再让女儿检查他刷得如何。这样一来，女儿就成了"专家"。父女俩在咨询后就用了这个方法，效果相当好。女儿终于觉得自己不再是一个受人管束的孩子，而是一个可以担起责任的人。结果其实没什么两样，女儿牙齿每天被刷得干干净净，但过程确实更顺利了。

颠倒角色的理论倒是很容易解释，但实践起来，可能有点棘手。之所以难，是因为我们总倾向于做相反的事情：对抗，而非理解。在这种惯常的行为模式之下，我们与他人的行为对立，我称之为对比模式——我们与他人的行为构成了对比。

举个例子。如果有人一大早就没精打采，还没有完全清醒过来，我们可能就会表现得格外活跃。我们会用热情到不自然的语气说："早上好呀！"或者，不无讽刺地调侃："午安！""哦，看，是睡美人！"我们甚至可能滑稽地调动气氛，比如在厨房里迈起搞笑的步伐。巨蟒剧团"愚蠢步行部"的粉丝最有可能这么做。开这种玩笑有什么效果呢？通常只会让对方更加烦躁。

我们总想让灰心的人重新振作，给悲伤的人带去快乐，帮生气的人冷静下来。孩子们安静地坐在沙发上看电视时，父母会大声嚷嚷："别窝在那儿，去忙活点儿别的。"一旦他们在外面疯跑，我们又吆喝："给我消停点！"

对比的悲剧就在于，人们往往出自好心。这也就解释了，为什么这种现象会持续存在。我们告诉自己，这么做是为了帮助别人。但是，如若扪心自问，就会发现我们这么做其实是为了让自己感觉舒服一点儿。

我们总爱将自己看作与他人构成对比的角色，这是一个圈套。比如说，我们不是帮助别人的人，就是接受帮助的人；不是受害者，就是施暴者。这往往让情况变得更加严峻。一位日渐衰老的母亲，可能会将自己看作遭受儿子忽视的受害者，进而开始扮演受害者的角色，希望可以把孩子倒逼成施救者，常回家看看。但是，幸好，我们只要认识到，自己正被困于这种适得其反的模式，就可以利用角色颠倒策略来寻得突破。翻转思维的一位粉丝曾经给我写信，谈到她如何采用这条策略与 13 岁儿子之间的相处。儿子告诉妈妈，他想在考试中拿高分，但是很担心自己的数学成绩，所以需要妈妈来辅导数学功课。这位母亲很愿意充当数学老师的角色，但是，她越是帮助儿子解决问题，儿子就越紧张。不管妈妈怎么解释，儿子好像都记不进脑子里去。况且，她自己数学也学得不怎么样。于是，这位母亲决定不再展现自己和儿子之间的差距——她不需要扮演权威的角色。她想："或许我可以和儿子转换角色，他来讲，我来听，毕竟，他都学过这些数学公式了呀，可比我明白多了……"接下来，他们互换了角色。他挨着妈妈坐下没多久，就全然放松了下来。男孩完全能读懂题目，也能讲明白。

对比只会让问题变得更加糟糕。假如，一位有点邋遢的男士与一位比较爱干净的女士同居。二者最终会形成极大的反差。这位女士最初可能只是打扫得比原来频繁了一点，而男士就会认为：行啊，反正在我动手之前，她都会清理干净，那就让她打扫吧。慢慢地，这位女士做的家务就越来越多，二者之间的家务分工陷入恶性循环，最终女士一个人包揽了全部家务并在朋友面前抱怨，这个男的什么家务活儿都不干。

对比有一个讽刺之处，那就是，如果两个人深陷反差关系中，那个引起麻烦或者本身有问题的人不需要承担解决问题的责任。另一方不仅需要接过担子，还不能真正地帮到那个人。扮演一个帮助者的角色，只会放大受助者的无助和依赖。接下来，他就丧失信心，再也不相信自己能够独立解决问题了。角色转换可以打破这一消极模式，把担子放到本该承担责任的那个人肩上。

假设你是个医生，要给病患做一个如何合理使用药物的讲座，而你的听众非常挑剔，他们都有过非常糟糕的就医体验，压根不信任医疗从业人员。你会如何处理这种情况呢？如果是我，我就会充当一个负责任的权威人物，告诉他们不该满心猜忌。但是，看过这么多例子之后，我们都知道，这种争辩的做法只会让对方更加肯定自己的看法。

我有一位线上粉丝，恰好就是医生。他曾经遇到过这种尴尬的局面，后来彻底改变了自己的讲解办法。他不再上来就讲，而是先提了一个问题："你们之前请过医生、药剂师，或者用过什么药吗？体验如何？"台下的患者纷纷倒起了苦水，说要么是这里出错，要么就是那里不行。医生听后，并不急着替同行辩解，只说"哎，这确实不专业""太可惜了，这种事情的确很常见"等。待病患都抱怨得差不多了，医生又说："看得出来，各位的就医经验都非常丰富，不过，也有不少很糟糕的体验。今天，我想和各位分享点别的知识，讲讲药物的起效原理，以及各位可以如何确保药物起到最大疗效。你们能做什么来确保用药过程顺利进行呢？"医生先把患者放到各自用药权威的位置上，再开始讲解。结果如何？每个患者都听得津津有味，现场气氛好极了。后来，医生还谈到了一些不那么愉快的话题——比如医保范围以外的药品，没想到大伙在那时依旧很配合。

　　采用对比模式往往适得其反，而我们使用角色颠倒策略，主要就是为了打破这种模式。其中，最好用的技巧是投射。投射，并非以恶对恶，而是设身处地。那位医生的讲座之所以办得不错，就是因为他共情听众，投射了他们对医疗事故的批评。你真诚投射别人的担忧，便表示出了接纳。投射算是一种表达同情的方式，也是一种"爱的行动"。

　　投射的奥妙在于，它能让我们脱离那些适得其反的角色。有次讨论会结束后，一个女士跑来，跟我说她父亲总是抱怨，如抱怨自己的健康状况、抱怨家庭护理员，还抱怨自己的必服药。女儿一直扮演倾听的角色，慢慢地意识到，也许自己应该投射父亲的抱怨。她问我，她是不是也应该对父亲抱怨自己的问题。我回答说："不，你不该抱怨，而是狠狠地发发牢骚！把苦闷都吐出来，别憋着。"她看着我，眼神有些迟疑，说会试试看。一周后，她打来电话说，父亲还没说两句，她就开始谈自己的难处："爸爸，我能想到你有多难。我这里也一样，一切都乱了套。小的得去看牙医，大儿子还天天要我陪着做作业，我老公又回家晚，我还得做晚饭……"她停下来喘了口气，父亲破天荒地开口道："天啊，宝贝女儿，你每天都过这样的日子吗？"30多年来，她一直是父亲的后盾。如今，她第一次敢于打破这种模式，而父亲很快就化身为她的后盾！ 这位女士继续说："也许，我过去学到的最重要的一件事就是不允许自己抱怨。我总是强迫自己戴上坚强的假面，扮演乖乖女。如今我不要再这样做了，我也想偶尔抱怨一句。"

投射可以迅速扭转紧张的局面。一家医院要换使命宣言，请我主持宣言辩论会。通信部门主任和公关部门主任约我一起开了个预备会议，却说不清辩论的目的何在。毕竟，执行董事会已经下达了辩论的决议，我便跟两位主任说定，下周再来和几位执行董事讨论他们的目标。就这样，我拿着一本介绍新使命宣言的精美小册子和一份厚厚的宣言制定工作报告回了家。

一周后，我走进会议室，看见一个椭圆大桌，桌后坐着四位董事，桌前有一把空椅子——显然是为我准备的。没有人站起来打招呼，也没有人为我倒咖啡。我坐了下来。其中一位男士——我猜是董事会主席，连自我介绍都没做，就相当冷淡地问了句："你想和我们谈谈？"便没了下文。在座的几位仿佛都定成了一块石头。现场氛围太古怪了，他们相当不客气，就好像我是来上门讨说法似的。

我决定用同样的语气回答，没好气地说："对，我不明白搞这个辩论图什么。"现场再次陷入石化般的沉默。随后，对方冷冷地回应："你不是拿到使命宣言了吗？"我本可以平淡地回答"是的，我看过了"，但没有那么做，而是冷冰冰地反问："我问了你一个正常的问题，你不能给我一个正常的答复吗？"现场气氛又尴尬了一下，那个问话的人突然笑了起来。我看到他对在座的其余几位挤了挤眼，好像在说："看，我们这儿来了个狠角色呢，对吧！"气氛立刻缓和下来，我们接下来谈得还算顺利。

投射的一大好处就是，你能感知对方的需求。那个努力准备数学测试的孩子需要什么？他需要意识到自己学得还不赖。医疗讲座的听众需要什么？他们需要有人认真对待自己的抱怨。医院的执行董事需要什么？据我观察，他们担心使命宣言不称员工心意。也正因心里没底，他们才对我态度冷淡强硬；他们以为我会说新宣言不好，所以才抱有防备心。我投射了他们的语气，不仅让这几位清楚意识到自己的态度有多不友好，而且让我也意识到，他们正因我接下来可能说的话而感到焦虑。

乍一看，角色颠倒策略似乎是为了回应他人的行为，但实际上也关乎我们自己。我们与"他者"之间的距离，远不如想象中那么远，一根根无形的线将世间所有人都连接了起来。真正地设身处地、尽力理解他人的观点，从而改变自己的看法，能赋予我们力量，让我们改变他人的看法，从而"翻转"当下的情境。正如纳尔逊·曼德拉所说："我在改变自己之前，无法改变别人。"

打破常规策略

解决问题的最佳方式就是找到其中的幽默之处。

邮递员怒气冲冲地告知，公司不许他们在炎炎夏日穿短裤上岗，而问题的转折点来得很快：一名邮递员穿着连衣裙来上班了。不让穿短裤，穿裙子总行吧？

谁定规则？保罗·亚顿（Paul Arden）写过多本探讨创新思维的书，他说："你之所以解决不了某个问题，那一定是因为你被规则给束缚住了。"由此，我们引出本书的倒数第二个策略：打破常规策略。当规则使现状变得受限、压抑或僵化时，这个策略就可以派上用场了。其所适用的规则，不仅指法律法规等成文的规定，也指存在于生活方方面面的不成文的规矩。你也可以称这个策略为挑衅策略、震撼策略、恐吓策略、阻碍策略、妨碍策略或搅局策略。只要能打乱对方设定的规则，你便尽情使出一切招数吧。这样便可以开辟一块临时的真空区域，供新规则施展身手。当然，新规则得由你来制定。

　　具有超强幽默感往往有助于我们运用打破常规策略；而那些凡事认认真真、不敢越雷池半步的人，则会用得很不顺手。杰弗里·维因伯格非常相信打破游戏规则的神奇效果，尤其是那些心理治疗师和来访者之间未言明的规则。他发现，用一种轻松的方式问来访者简直最有效了。比如，一位来咨询的男士满脸疲惫，打扮得邋里邋遢，衣着破旧。他抱怨说："我不知道妻子还爱不爱我。"维因伯格应道："你还有妻子呢？"男人不明白这句话是什么意思。维因伯格又说："眼看这么邋遢一人进了我办公室，我当时压根没想到还有个女人愿意和你在一起。告诉我，你是怎么做到的？"对方回答说："可是，我之所以来这里，可不是为了讨论为什么我妻子还跟我在一起。""先生，听我说，"维因伯格摆出一副权威专家的姿态，说道，"我可是心理学家，我知道哪个问题最重要。所以告诉我，你是怎么做到的？"

　　心理学为我们运用颠覆策略提供了有趣的视角和方法。这场全新而富有争议的心理学运动由美国人弗兰克·法雷利（Frank Farrelly）发起。他在 1974 年出版了一本书，阐述了心理学的几个原则。我发现其中两个尤其有助于打破常规。

　　第一个是"红绿色盲"原则。如若咨询者愿意谈论某个话题，也就是亮了绿灯，心理治疗师反而不去深入讨论；反过来，如果来访者不愿意提及某个话题，亮起了红灯，治疗师就会深挖下去。上文的维因伯格就运用了这个技巧，那位衣着邋遢的来访者一旦明确表示不愿意谈论自己糟糕的状态，维因伯格就知道，这下更得追问下去了。

第二个是"跷跷板"技巧。其机制是，我们有相互矛盾的需求，很难选边站。比如说，既希望有稳定的收入，但又不想向老板做工作报告；既想创业，但又无法忍受随之而来的不确定性。治疗师大多会选择充当中立的观察者、客观的分析者，从第三方的角度来处理这种内心的矛盾。而一些特别的心理治疗师则会毫不犹豫地支持一边，举止投足之间还表现得特别坚定："不确定该不该创业？那太正常了！我要是你，我也不会去创业。你肯定没法承受不确定性带来的压力，你是个需要安全感的人。"咨询者基本都会反驳："但是我老早就开始想开创自己的事业了，我真的应该去尝试一下。"心理治疗师会怎么回应呢？他会高高兴兴地跳到跷跷板另一头："没错，赶快行动吧。拿出积蓄来投资。就算你要养家，就算你的妻子因患有多发性硬化症而不能工作，你的心愿也很重要呀！就算破产又如何，人只活一次！宁愿站着死，也不能跪着活。"心理治疗师坚持引导上这么几个来回，咨询者基本上就能摆脱内心的冲突，与自己和解了。

打破常规策略有巨大潜力，可以帮人们打破困局、扭转僵化的思维方式。毕竟，我们所做的一切，不论思考什么、设计什么、拥有什么、决定什么或经历什么，都受规则约束。重要的是，我们该明白，这些规则并非"真理"或者"事物的本来面貌"，而只是生活的指南。打个比方，地图是引导我们穿越景观的工具，但它本身并不是景观。有时候，生活中的规则看起来逻辑自洽、理所当然，仿佛是唯一法则，我们就会想："我就该这么做。"那么，这样想是坏事吗？好坏参半。

首先来说"好"的一面。遵守既定规则可以保证效率。想要开灯？那就按开关！打招呼？伸出手。吃饭？拿起刀叉。我们的生活大部分都被这些程序化的"如果……那么……"规则所主导。试想一下，如果没有规则，生活会变成什么样？"开灯？等等，怎么开？按开关？为什么？哦，电流就可以流向灯泡了。为什么灯泡会发光？"当父母的人可能更熟悉这感觉，没完全搞懂日常规则的孩子往往会连着问一串问题。试想一下，问候他人的时候，如果不懂规则，那你会有多不知所措："我应该先做什么？帮他们挂大衣？喊他们名字？摸他们脑袋？"人的许多行为都是自动行为，开车就是其中一个例子，这极其高效。

规则还有第二个好处：有时候真的能让我们免于丧命。狮子来了？跑！车来了？别过马路！食物有异味？别吃！有些规则我们天生就会，而有些规则需要后天习得。小孩子一上来可能会抵触规则，比如"凭什么我要睡觉"。我们之所以能在复杂至极的社会生存下来，这些规则可是功臣。

再来说说"坏"的一面，也就是，为什么规则可能带来问题。答案很简单：有些规则引导我们做蠢事。这些规则并不适用于现实情况。拿一种名为"掘土蜂"的黄蜂举例，雌性掘土蜂在产卵后，会去捕捉毛毛虫当作食物。一旦找到毛毛虫，雌蜂就将其麻痹，拖到通往巢穴的隧道口。然后，黄蜂独自回巢穴，在确定一切正常后，它才会回去把毛毛虫拖进隧道。但是，研究人员如果趁着黄蜂进入巢穴，稍微把毛毛虫挪到离隧道口远一点的地方，黄蜂回来之后，就会重复之前的行为：先把毛毛虫放回隧道口，然后再一次回去检查巢穴。也就是说，你只要有闲工夫，便可以一次又一次地趁机移动毛毛虫，让掘土蜂进入无休止的循环。

人们为何如此痴迷于遵循规则呢？原因是，人们通过遵守规则，获得安全感和掌控感，也认为自己被社会所接纳。这或许就解释了，为什么我们在没有明确规定的情况下，会制定并严格遵守一些不成文的规矩。有时候，我们自己在学习这些规矩的时候会撞得鼻青脸肿，但等到后人再去吃苦头，我们可能还会心生几分幸灾乐祸之感。

举个例子，每当有员工过生日，公司都会在办公室咖啡区放上一盒糕点。糕点里总会有一块巧克力泡芙，大家都知道那是留给部门主管克里斯的。每次公司里来了新同事，大家都会期待下一次分糕点。新人如果刚好拿起那块巧克力泡芙，总会有人说："那是克里斯的！"新人就会一脸不好意思地放下泡芙。而等到下次有人过生日，作为老员工的他也会期待看到下一位新人失误。

　　打破常规，可不是打乱规则就够了，而是要完全消除规则。这很难。我们在前几章说过，人类通常更看重行动（做某事），而不是不行动。我们更愿意给生活设定秩序，而不愿冒险——任生活变得混乱。规则确实能解决问题，不过有时候也会惹出更多麻烦。举个例子，我们公司与一些培训师和演员合作，他们有时候需要早早离家才能准时到岗。公司决定，针对那些因工作而早上 7 点前出门的人员，为其承担住宿费用。这种做法能方便住得离公司远的员工。但是，还有一些员工的住处附近常常堵车，这些员工需要早早出发。那么，公司是否也应承担他们的住宿费用呢？于是，我们把提供住宿补贴的规则改为"早上 7 点前出发，例外情况也作数"，我们还说明：公司会根据具体情况，评估一些情况是否可以算作例外。我们以为这套规则可以解决所有问题。但是，后来有两位演员互换了培训课。最初分到这个课程的人离上课地点比较近，而另一个人离得更远，需要在早上 7 点前出发。他们没有咨询我们的意见，直接私下换了课。那么，在这种情况下，公司是否需要报销其住宿费用？还是说，换到早课的那个人直接认栽，接受自己需要早点出发的现实？我们内部讨论后，发现如果再继续运用该规则，最后肯定会附上五花八门的意外情况说明。我们甚至得编写一份详细的《针对培训师和演员报销指南》，年年都更新附录。太荒谬了吧！这提高不了效率，很多大公司中都存在这种情况：他们试图将所有事情都安排得井井有条，却拉低了效率，以上就是陷入僵化思维的典型例子。

我们几位公司高管琢磨如何翻转思考眼下的情形。答案其实非常简单：别做安排，根据具体情况来决定如何处理。这看似毫无章法，实际上效果很好，完全符合我们想要的公司文化。我们想要打造一个有趣、灵活、创新的公司，而不是机械运作集团。

创造力专家罗伯特·弗里茨强烈呼吁，不要为了规则本身制定规则。他的原话如下：

"有些人希望找到正确的系统、正确的方法、正确的途径和正确的制度。他们认为，只要应用这些规则，一切都会顺利。对于这些人来说，他们有多遵循规则，诚意就经受了多大的考验。这些人会引用作家、专家和专业人士等人的'权威'的话，来证明自己用了正确的方法。但是，当面对那些能够随机应变、创新创造并在通往成功的路上打破所有'规则'的人时，他们会感到不安。"

所以关键问题是，我们怎么摆脱误导的规则呢？心理学家爱德华·德博诺提出了"PO"方法。"PO"指"激发"（Provocation Operation），落实某些大胆甚至听起来荒谬的想法，以寻得创新性的问题解决思路。举个例子，20世纪70年代初，纽约警察局曾就城市犯罪率上升问题而咨询德博诺，提出加重惩罚和加设巡逻警察等常规手段不怎么奏效。德博诺提出了一个PO：警察有六只眼睛。警官们一上来只觉得困惑，但考虑一番后，想出了请普通市民充当警察眼睛的办法，于是，邻里预防犯罪守望策略就诞生了。从那时起，该策略在全球很多地区得以广泛实施。

挑战规则的第二种方法，就是听到任何一种规则后，都问一句："是吗？""汽车有四个轮子。""是吗？谁说的？"汽车不能有三个轮子吗？或者，五个？或者，干脆一个也没有？质疑使我们颠覆一切，运用翻转思维思考一切。

以下是一条规则：处方药应含有效成分。是吗？美国北达科他州沃特福德城（Watford City）的一家药店曾登上新闻，原因是开出"怪物喷雾剂"，治疗儿童对怪物的恐惧。药品装在一个瓶子里，瓶外壁上贴着一个相当像样的标签，上面写着："在睡前使用本药剂喷洒整个房间；如有需要，可重复喷洒。"据说该药效果极好。这其实非常合理呀，既然你该用真实的药物治疗真实的病症，为什么不能用虚构的药物对抗臆想出来的病症呢？

再来看另一条规则：建筑物、公交车和火车上的涂鸦都是

"眼中钉"，应该全部抹掉。是吗？那么，反向涂鸦怎么样呢？什么是反向涂鸦？它指在脏墙面上放置一个插图或文本的镂空模板，用高压水枪喷射模板中挖空的区域，从而清洗对应部分的墙壁，通过灰白对比来形成墙面的图案设计。你没有喷涂任何颜料，只是除掉污垢，因此，这类涂鸦也被称为清洁涂鸦。这种涂鸦好在非常环保。微软、BBC、斯米诺伏特加、起亚和彪马等公司都用反向涂鸦打过广告。

打破常规策略甚至可以在非常棘手的情况下救场。有位在急诊精神病科工作的护士给我发邮件，讲述自己如何运用这个策略来稳定失控的病人。有些病人可能会变得极具攻击性，需要六个工作人员一起上才能摁住，然后被关在隔离间里。那位护士觉得这种处理方法很不人道，便说服同事尝试一种完全不同的方法。病人被摁住后，他就走上前，直直地盯着病人的眼睛，温柔友善地询问："你要不要来个香肠卷？"这些病人常常是有段时间没吃东西了，大多数一听到这句话，就会立刻平静下来。该部门使用这种方法的效果很好，病人遭受隔离的情况也大大减少了。

幸运的是，就连平常被规则裹得严严实实的商业世界也越来越认识到"打破常规策略"所带来的可能性。荷兰的HEMA连锁百货商场就利用它来提高人们对店内盗窃问题的关注。HEMA之前一直无法请到媒体来报道这个问题，后来想出了一个主意：五种最频繁遭窃的商品暂时打七五折，摆在特别展示台上。按"受欢迎"程度来排，营养补充剂排第一，之后依次是可充电电池、唇蜜、CD-R 和自行车灯。展台上方标示牌写着"TOP 5 MOST NICKED"（遭窃最频繁的五件商品），周围重"兵"把守——设了一圈摄像头。如 HEMA 所愿，这个噱头在全国范围内引发大众对盗窃问题的关注。

一些地方的政府也觉醒了，开始接纳打破常规策略的智慧，摒弃适得其反的规则。荷兰德拉赫滕（Drachten）镇的主要圆形交叉路口经常发生交通事故，有些事故还非常严重。政府试了很多办法，比如说加设交通标志和信号灯，想让这个交叉路口安全一点，但都没用。这个交叉路口甚至还变得更乱了，行人更看不清楚路况了。这是典型的僵化思维造成的结果。汉斯·蒙德曼（Hans Monderman）享有"交通工程界的帕格尼尼"的美名，受邀解决这一问题。他的主张比较激进：多做不如少做，他主张移除所有的交通标志和信号灯。结果呢，从那时起，不管是司机、骑手还是行人，都变得小心起来，不再盯着交通标志和信号灯看，而是开始仔细观察路况。事故大幅减少，交通流量也提高了将近一倍，这就是不刻意控制的奇效。欧洲的许多城镇都采纳了蒙德曼的理论。例如，德国的波赫姆特（Bohmte）镇获得欧盟 120 万欧元的拨款，试验移除了所有的交通信号灯和标志，效果也非常好。

逆转策略

任何时候都得学会往好处想。如果不小心掉进泥坑里，
不妨摸摸裤子后口袋，说不定还抓到了一条泥鳅呢！

——美国橄榄球运动员兼教练
达雷尔·罗亚尔（Darrell Royal）

在马克·吐温的小说《汤姆·索亚历险记》（*The Adrentures of Tom Sawyer*）中，汤姆连着闯了好几次祸，被波利姨妈罚去刷围墙。这可不是个轻快活儿。马克·吐温在书中写道："他两眼打量着围墙，原先的欢乐顿时全消，一阵深沉的忧郁占据了他的心灵。木板围墙长三十码①，高九英尺。"但是，汤姆却让他的朋友们相信，这个苦活儿其实是顶有意思的绘画游戏。他们为了能刷上墙，还纷纷拿礼物"贿赂"汤姆呢。

于是，汤姆拥有了十二颗弹子，一支破口琴，一块能充当眼镜片的蓝瓶子玻璃片，一门苇管做的炮，一把什么锁也打不开的钥匙，一截粉笔，一只大酒瓶上的玻璃塞子，一个小锡兵，一对小蝌蚪，六个鞭炮，一只独眼小猫，一个铜门把手，一只狗脖圈（不过没有狗），一个刀柄，四片橘皮，还有一个破损不堪的窗格。

---

① 1 码 =0.9144 米。

汤姆享受了一段舒心惬意的美好时光。

汤姆·索亚能巧妙地将苦活儿、累活儿转变成人人都羡慕的活儿。他借助了翻转思维的最后一个策略——逆转策略，直接将问题转变成机会。问题变为意图，遗憾变为意外之喜，短处变成才能。逆转策略可能是本书最奇妙的策略了；用了这个策略；惹你苦闷心烦的事情可以转瞬之间变为上天的恩赐。原本投入在解决问题上的所有精力，在逆转策略的助力下，都可以转化为对你有利的力量。这也就意味着，许多危机都可能是天赐的良机。理查德·怀斯曼不仅是心理学家和作家，还是一名出色的魔术师。有一天，他弄丢了魔术道具箱。眼看第二天就有一场重要表演，怀斯曼没有办法，只好拿日常物品当道具，重新设计魔术表演。没想到，这一下竟然设计出最精彩的魔术。

逆转策略有多种子策略，我把第一种称为"重构"。重构，不是改变现实，而是改变你对现实问题的认识。比方说，你把绘画作品装裱在漂亮的画框里，让它显得更值钱。又比如，精神科医生开导失眠症患者说："你想想，那么多人每晚都要睡八九小时，他们才惨呢，花一大段时间，却什么都干不了。"

换种说法就可以实现"重构"。用词可以反映我们的思想。我们之前讨论重新思考策略，曾提到理查德·怀斯曼的发现：乐观主义者和悲观主义者看待世界的方式确实有所不同，比如说，悲观主义者不容易看到地板上的 10 英镑。怀斯曼还发现，乐观主义者和悲观主义者对于同一情境的描述也不尽相同。他让两类人各自设想同一个情景："假如你正在银行，突然发现有人持枪抢劫。枪声响起，你的手臂中弹了。"

他分别问两类人："你会怎样评估这个情形呢？"不出所料，悲观主义者用了"倒霉""灾难"这类充满负面意义的词，他们还抱怨道："我老是遇上这类事。"乐观主义者却认为自己居然只是手臂受伤，真是太走运了，他们会说："我真是太走运了，居然还活着！"

思考模式影响语言，语言也反过来塑造思考模式。如何迅速传播信息？你当然可以指出，这条信息非常重要，但人们可能压根不感兴趣。人家如果怀疑你分享信息的动机，以为你是为了谋求一己之私，那就适得其反了。不过，你一旦将这条信息说成"机密"，一下子就把它在人们心里的地位拉高了。越是秘密，人们就越忍不住告诉别人。

语言有力量，因此，我们在措辞时，应当先细细琢磨每个词的效果。例如，经理"请求"员工负责某项任务。"请求"还可以换作"命令""要求"等动词。

家庭治疗师弗吉尼亚·萨提尔（Virginia Satir）曾提过一个富有智慧的建议：

"聆听自己说的话，看看这些话是否真正表达出了你的意思。十个人中有九个可能记不清自己一分钟前说了什么……

我们应小心谨慎地使用以下十个字或词：我，你，他们，它，但是，是，不，总是，从未，应该，应当。"

重构并不总需要我们改变措辞。有时，改变措辞也无必要。举个例子，我和爱人曾经收养过一个男孩。他时不时做噩梦，吓得满身大汗、惊恐万分地跑进我们的卧室。可怕的不只是噩梦的内容，还有"可能会做噩梦"这件事。有时，男孩会怕到不敢睡觉。最后，我告诉他："你经历过一些不好的事情，现在长大了，生活也好多了，就开始做噩梦了。有些人到二三十岁才开始这样，你其实已经走在他们前头了，这是个好兆头。噩梦确实很可怕，但永远不可能比你在现实生活中经历过的事情——你曾经面对并战胜过那些事情——更可怕。孩子，让噩梦尽情来吧，咱们一起克服噩梦！"这次谈话很有用。从那以后，他只做了一次噩梦，而且在第二天吃早饭的时候才和我们提起。他在做了噩梦之后，觉得自己不需要再跑进我们的卧室了。

重构的精髓在于改变看待情境的方式，这也包括重新解读某些词语。过去的一些贬义词如今已不再带有那种负面含义。例如，"印象派"最初是贬义词，一位尖酸刻薄的评论家在其犀利的评论中，创造此词来形容那种受人追捧的绘画新风格。1950年，宇宙学家、"稳态理论"的拥护者弗雷德·霍伊尔（Fred Hoyle）用"大爆炸"这个词讥讽乔治·勒梅特

（Georges Lemaitre）提出的宇宙起源理论。霍伊尔主张宇宙永恒不变，认为勒梅特的理论很荒诞。而如今，早就没人再追捧"稳态理论"了，而"大爆炸"这个词倒变得家喻户晓。大爆炸理论不仅得到科学界的广泛接受，还成为公众最为熟知的大众科学概念之一。

最后要提到的一种重构手法是巧用视觉形象。JWT 巴西广告公司和巴西的 A.C. Camargo 癌症中心联手，巧妙地设计出一个让孩子不再害怕化疗的方案，他们认为华纳兄弟公司拥有 DC① 公司的漫画版权，于是联手华纳兄弟，把看起来阴森森的化疗药剂放在塑料盒里，盒子外再印上蝙蝠侠、超人、神奇女侠和绿灯侠等超级英雄。那些化疗药物就摇身一变，成了很多超级英雄都拥有的神奇"超级配方"。工作人员鼓励孩子们把自己看成超级英雄，还把整个儿童病房都装点成超级英雄主题病房。

荷兰足球名将约翰·克鲁伊夫（Johan Cruyff）有一句经典名言，精准概括了逆转策略第二个子策略的核心原理——"劣势中蕴含优势"，这和我们常说的"祸兮福所倚"蕴含同样的道理。小孩子似乎更擅长找到这些隐蔽的幸运。比如下雨的时候，成年人往往愁容满面，而孩子们会欢快地在雨中嬉戏。

---

① DC 漫画公司与漫威漫画公司并称美国两大漫画巨头。

几年前，我参与了荷兰蒂尔（Tiel）市一处新住宅区的开业活动。主办方希望借此机会举办一个包含会议环节的开幕盛典。但问题是，适合举行会议的地点，就算是最近的，离住宅区也有近两英里^①远。该怎么办呢？租公交车来回接送，还是提供自行车，或者组织拼车？后来，有人运用翻转思维，巧妙地将这个难题转变成了一次好机会。他提出，我们可以请一位导游，参会者在前往会议的路上，由导游带着来一次城市游！等到活动结束后，大家唯一抱怨是觉得这次城市游活动太短了！

我们虽然可以在许多场景下，有意地通过寻找劣势中的优势来解决问题，但有时候也会在事后才意识到，自己其实在无意间已经将危机转化为机遇。以一个比利时学生的经历为例，她在荷兰的乌得勒支找不到住的地方，只能住在比利时的安特卫普，每天要花费好几小时通勤。同学们看不下去了，告诉她"这样会浪费太多时间"，"不是长久之计"。于是，这位学生以为自己遇到了一个无解的问题。那她最终又是如何解决的呢？她写道："因为通勤路程长，我只能利用坐火车的时间学习。在火车上，我不会受到任何干扰，没有舍友和我聊天。在火车上就能完成所有的作业，回到家后就基本不用再学习了。结果我在大学的学习成绩比在高中的时候要好得多。"

---

① 　1 英里 =1609.344 米。

乔治·伊斯曼（George Eastman）在 1888 年创立了柯达相机公司，推出的首款相机就遇上了一个大麻烦。这款相机优点有很多，一卷胶卷就能拍 100 张照片，而且很好上手，只有两个按钮：一个负责开关，一个用来卷胶卷。但这款相机在设计上却有个小毛病。伊斯曼本想让这款相机面向普通老百姓，为了把价格压得尽量低些，只好去掉可供用户自己更换胶卷的装置，以此降低成本。但去掉这个装置，相机就失去了部分功能。伊斯曼绞尽脑汁，最终找到一个新法子来解决这个问题。他并没有直接从改良相机下手，而是把缺点变成了优点。为此，他提出了一句广告语："您只须按下快门，剩下的交给我们。"这个灵光一闪的点子大获成功。那时摄影在大众心里是种专业活儿，操作复杂而且可能会出现各种问题。伊斯曼的广告语正好满足了消费者得到辅助的心理。柯达很快就成了全球规模最大的相机制造商。

对个人来说，"不能解决问题"有时也算得上一种极佳的天赋。失业了，这有什么好处？ 筋疲力尽了，这又能给你带来什么启示？ 分手了，你又会迎来什么转机？ 确实，灾难有时候就是灾难，但这些灾难往往能引导我们找到新机遇。具有反脆弱性的不仅仅是各种系统（比如生态系统），人也如此。我们有巨大的潜力，能够在逆境中成长；我们有近乎神奇的能力，可以重塑自身。这需要你推着自己逆向思考，逆转问题。无论何时遇到困境，都要试着让自己把困境看成机会。

1962年，道尔·丹恩·伯恩巴赫（Doyle Dane Bernbach）广告公司接手了 Avis 汽车租赁公司的广告项目。那时 Avis 公司的业务状况并不好。当时，Hertz 公司是市场的领头羊，而 Avis 只占 11% 的市场份额。广告公司很清楚，如果用老路子，吹嘘这家公司多么成功、多么受欢迎，消费者只会将其当成虚假宣传。因此，他们打破常规，利用 Avis 排在第二的事实，将这个劣势变成了一大卖点。他们在一整块广告版面上写道："Avis 汽车租赁公司在市场上只能排第二，那你为什么选择我们呢？ 因为我们更用心。（毕竟我们不是行业第一，因此必须多多用心。）我们不能忍受填满的烟灰缸、半满的油箱、磨损的雨刮器和脏乎乎的汽车。"他们甚至把客户数量少于 Hertz 这一事实巧妙地变成了优势，写道："下次来我们这吧，我们这儿排队的人更少。"这个广告活动效果太好了，只用了短短四年，Avis 的市场份额就增长了三倍多。成功的关键在于他们的直言不讳。消费者一般的预期是，商家多少会在广告里用一些夸张的描述，相比之下，"我们更用心"的说法让人觉得更可信，再加上这种自嘲式的幽默，整个广告活动更显生动。

对抗问题大概率会导致思维僵化，这个观点贯穿本书始末。与之相比，不如翻转问题，把那些看似负面的特质转化为机会。问题又来了，我们该怎么做呢？ 有时，要想把"短处"转换为"长处"，我们得采取一种更中立的态度：不再评判人性的善恶，而是相信"人自有能力"。这些能力并无好坏之分，只是特性、技能，帮助我们个人甚至整个人类生存下来。如何运用这些能力取决于我们自己，它们只是客观存在而已。

生物学家、灵长类动物研究专家弗朗斯·德瓦尔（Frans de Waal）强调人类的复杂性。他认为，人性兼具侵略性和利他性，这种双重特质可保证人类生存下去。他还提出了一个问题：如果没有侵略性，人类会走向何方？侵略性驱动我们保护自己和至亲，驱使我们在商业领域取得成功，还推动技术发展。德瓦尔强调，人是高度进化的猿，继承了温顺、慈爱的倭猩猩以及霸道、专横的黑猩猩这两个"近亲"的特质。

社会总是特别青睐外向、坚毅、灵活和乐观这些特质。这些特质确实有用且必要，但在另一面，与以上完全相反的特质也一样好用，只是相对不大受我们待见而已。那么，内向、容易放弃、固执或消极情绪又能给我们带来什么呢？内向的人往往更有洞察力，更能察觉细节。在脑海中勾勒出最坏场景，时刻提醒自己，这又有什么不好的呢？

我们可以把这种翻转思考的方法用到许多通常被视为负面的特性上。比如，你的孩子不爱为自己说话？那他可能富有同情心，更愿意替别人发声。或者你发现自己总是优柔寡断？这说明你能三思而后行，可以免于冲动决策带来的各种麻烦。又比如，你的孩子一输就生气？那他可能有强烈的成功欲。[①] 总之，诀窍在于，我们得坦荡审视自己的一切特质，而不要自欺欺人，只看到自己想看的那一部分。

幸好，当前社会越发擅长运用这种思维方式。在教育领域，我们更加重视强化孩子的天赋，而不是过分强调补齐短板。患有阅读障碍的孩子不必被扔进孩子堆里，艰难地跟着一起学习阅读和写作，而是可以享受专门辅导。我们正处于思维转变的黎明，即将迈入新的时代。各位都知道，孤独症谱系障碍中的某些患者非常关注细节。因此，有些软件测试公司还特别招聘此类工作人员。患有阅读障碍的人比一般人更擅长找出规律。英国情报机构 GCHQ 专门寻找有阅读障碍的人，请他们协助对抗网络攻击。GCHQ 发言人说，患有阅读障碍的人的确擅长解密代码，分析复杂问题，因为他们可以快速找出规律，容易察觉到缺失了什么。GCHQ 的主管伊恩·洛班爵士（Sir Iain Lobban）在一次演讲中强调："我工作的部分内容就是聚集顶级人才，充分利用他们的才华，不让任何成见或老套思维妨碍创新和变通。"甚至，我们对于身体美的传统追捧标准也正经历着"翻转"。伦敦的一家模特经纪公司专门招聘那些不符合传统审美标准但外表具有鲜明特点的人。公司客户对此类模特的需求巨大，原来并非所有产

---

① 成功人士的最大动力是什么呢？ 是追求成功的喜悦，还是免于失败的痛苦？ 许多体育界和商界成功人士声称，他们之所以追求胜利，与其说是为了赢，不如说是不想体验失败的痛苦。

品都得请美女俊男来推销。

《精神障碍诊断与统计手册》(*Diagnostic and Statistical Manual of Mental Disorders, DSM*)可谓心理学界的权威书目。第五版（同时也是最新版）里提到，不少于 54% 的人口患有精神疾病。我感觉这个结论有些荒唐。手册里增加了一系列新"障碍"，降低现有障碍的诊断门槛。这让人怀疑它没在描述精神失常的症状，而是在给我们示范失常是怎样的。[①]如果新版《精神障碍诊断与统计手册》能描述人们的才能而非缺点，那该多好啊！所以说，我们虽然已经开始运用逆转策略了，但是做得还远远不够，前方还有一大段路在等着我们呢。

我把逆转策略的最后一个子策略叫作"先开枪，再画靶"。让我来解释下为什么。一位荷兰的射击爱好者在英格兰度假，某天，他在散步时看到一棵树上画有一个射击靶，而在靶心位置有一个弹孔。树上的靶子和弹孔本身并不奇怪，但奇怪的是靶子上和树干上仅有那一个弹孔。显然，这意味着有人只打了一枪，就精准地射中了靶心。他自己就是一名射击爱好者，知道这极为困难。没过多久，他又在另一棵树上发现了一模一样的靶子，而子弹依然精准地射中了靶心！后来，

[①] 如果你连着两周感到沮丧，那么你可能患有重度抑郁症。如果你的孩子在超市里大发脾气，那他可能患有破坏性情绪调节障碍。

他到了一家酒吧，找酒保打听这附近是不是有神枪手，还提到了那些靶子。酒保听后哈哈大笑，说："这附近没有神枪手，倒是有一个画家，他往往先对树开一枪，再在弹孔周围画出一个靶子。"

这种子策略其实很简单，就是把一个事件的流程颠倒过来。从结束的地方开始，在起始的地方结束。这里有个生动的例子：一个高中生总是花太多时间社交，从而完不成作业。为了帮助女儿更好地安排时间，她的父母（这个故事是她父亲告诉我的）用尽了一切办法，提供了各种日程管理工具，给出了许多提效建议，统统不管用。后来，父亲改变了策略，建议她先安排好自己的休闲时间，比如什么时候要出去玩，什么时候参加生日派对，什么时候听音乐会，等等。这样，女孩先确保自己有足够的休闲时间，在剩下的时间里就能踏踏实实地学习了。

流浪汉往往很难回归安定的生活。我们帮助流浪汉的方法是，先让他们进入收容所，然后住进团体之家，在那里要求他们接受咨询。只有当他们能证明自己有能力自立生活后，我们才会为他们提供永久性住房。然而，集体生活引发种种冲突，许多人往往难以应对这些冲突，就选择重回街头了。幸好，纽约的优先安置住房项目为我们提供了另外一条思路。该项目从一开始就为流浪汉找好稳定住所，秉承如下理念：人们先得有安定的住处，心才能定下来，才能重拾自尊和自主，而自尊和自主对于他们全方位改变生活至关重要。这种方式意味着，不用稳定住房作为奖励去激励流浪汉做出改变，保持现有的好生活就可以为他们提供更大的动力。

从现在开始，请各位每次在遇到问题时，都问问自己逆转策略的核心问题："这个问题可以被转化为意图吗？"我把这个问题称作"翻转思维的奇迹问题"。不管在何时何地，请各位都想想这个问题。如果你面临困境、遇到难题或遭受压迫，问问自己：错的能变成对的吗？终点是否可以转变为新起点？劣势能否转化为优势？用这个崭新的视角，重新观察现实。有时候，你只须把问题转化成意图。这也就是为什么逆转策略一旦生效，就是翻转问题的最佳捷径。归根结底，你其实不必做任何实质性的改变，唯一需要做的就是调整看待问题的视角。

第三部分

终曲

策略概要

本章对前述种种策略进行了摘要总结。

✔ 策略 1：接受策略

接受策略是什么？ 接受眼前的情况，并看看自己能做些什么。

效果如何？ 一个僵局可能会突然变成一个新的机会。

什么时候采用这一策略？ 现实不可改变或无法逃避；当抵抗徒劳无益；人们不得不面对眼前的事实；无法继续自欺欺人或欺骗他人时。

如何应用这一策略？ 不要只看眼前可见的东西，也要看看潜在的趋势（目前的情况可能朝着什么方向发展），并积极朝着那个方向前进。

⧗ 策略 2：等待策略

等待策略是什么？ 等待新的机会出现。

效果如何？ 一段时间过后，形势发生了变化。某个劣势会自动转变为优势。灾难变成了幸事。

什么时候采用这一策略？ 在以下两种情况下：当情况可能发生变化时，以及当你下意识地需要时间来孵化一个想法时。

如何应用这一策略？ 把"灾难""问题"或"不可能"放在脑后。与此同时，去散步、喝咖啡或游泳。机会会自发显现，新发现也会自然地冒出来。

👍 策略 3：放大策略

放大策略是什么？ 看看哪些办法有效，然后多采用有效的方法。

效果如何？ 情况像天平一样是倾斜的；情况正经历良性循环，或是像毛毛虫正在化蛹成蝶。放大策略就像一个杠杆。

什么时候采用这一策略？ 在以下三种情况下：当情况不稳定或即将发生变化时，或者存在系统干预的可能时。

如何应用这一策略？ 自始至终都要抑制那种采取不起作用的办法的念头，重点关注起作用的办法，选择提供最大杠杆的那个，不断放大它。

策略 4：尊重策略

尊重策略是什么？ 尊重策略是最令人愉快的策略。通常，人们并不指望会被他人认真对待。你要向他们展示他们行为、态度、观点或不自律的后果。你要充分表达，答复他们要求的东西。奇怪的是，经过这个过程，他们通常就不想要那些东西了。

效果如何？ 情况会立即改变，人们会放松下来，他们可能改变主意。

什么时候采用这一策略？ 当人们表现出矛盾的行为时；当人们嘴上说一套，实际做一套时；当人们总是抱怨，但又说一切都还行时。

如何应用这一策略？ 当人们抱怨时，你要告诉他们称他们抱怨得有道理；告诉他们，换成你，你会抱怨得更多。简而言之，当他们说什么时，就给他们什么。

策略 5：坚持策略

坚持策略是什么？ 这个词本身就说明了一切，那就是埋头前行。

效果如何？ 随着时间的推移，只要你坚持下去，新的机会就可能出现。

什么时候采用这一策略？ 你感觉还有机会，而且你还没有尝试所有的方法。

如何应用这一策略？ 不断尝试新的方法来实现你的目标。实验，通过试错学习。保持警惕，相信会出现意料之外或是机缘巧合的情况。

━━ 策略 6：专注策略

专注策略是什么？ 盯准目标。你到底想要实现什么？尽可能准确地定义你的目标。

效果如何？ 你不需要使用蛮力，而是要学会以柔克刚，让水能够具有切割钢铁的力量。

什么时候采用这一策略？ 在你想要实现某事时。

如何应用这一策略？ 放下你不想要的东西，忘记任何中间阶段、方法或条件，以最终目标为出发点，考虑好你想要什么。牢记你的最终目标，并在做事的过程中不断回归这一点。一边做一边调整目标，也可以放弃它。

策略 7：重新思考策略

重新思考策略是什么？ 看看机会在哪里，提一个与它相关的问题。

效果如何？ 你会以不同的方式看待周围的世界，可能性将不断涌现。

什么时候采用这一策略？ 你几乎可以在任何时候使用这个策略，这不是问题。认为自己"已经发现并尝试了很多想法，周围不会再有任何有价值的东西可供利用"的观点未免有些天真。

如何应用这一策略？ 去寻找，进行网络搜索，与人交谈，做研究；提出积极的问题，重新考虑你曾经抛弃的旧想法。

✂ 策略 8：消除策略

消除策略是什么？ 消除现实的一部分，这个部分可以是一件事物或一种思想。

效果如何？ 不再起作用的东西会移开，创造出一个空间。在那个领域出现新的机会。出现的真空越大，对新可能性的吸引力就越大。

什么时候采用这一策略？ 当现有的办法不再起作用时；当旧的信念不再适应当前现实时；当我们负荷过重时。

如何应用这一策略？ 消除不起作用的部分，看看剩下的部分，对其采取行动。

策略 9：引进策略

引进策略是什么？ 让"敌人"上船。让一个黑客成为 IT 安全的负责人。

效果如何？ 一石二鸟，你失去了一个敌人，得到了一个忠诚的盟友：他为你工作，并且对你忠诚。

什么时候采用这一策略？ 当有一个你无法用常规方式击败的敌人，或对手无法与你合作（见策略 10）时。

如何应用这一策略？ 雇用对方。

策略 10：合作策略

合作策略是什么？ 明确敌人希望你如何想，想让你做什么，不妨与其联手一试。

效果如何？ 得到突如其来的意外联盟。

什么时候采用这一策略？ 当对方想要获得和你一样的东西时。

如何应用这一策略？ 寻找与对方的相似之处，强调共同的兴趣，暂时忘记冲突和意见不同之处。

▼ 策略 11：吸引策略

吸引策略是什么？ 通过满足他人的需求来给自己创造机会。

效果如何？ 你能获得忠诚而一致的盟友。要了解那些做他们渴望做的事情的人是自愿而为之，而不是因为害怕受到惩罚。

什么时候采用这一策略？ 在任何有人的地方，这一策略都可以帮助你实现目标。

如何应用这一策略？ 探明对方的需求。由于人们通常不知道他们真正想要什么，这往往是一种意想不到的方法。

▰ 策略 12：炫耀策略

炫耀策略是什么？ 强调你想要隐藏的东西；展示你为之感到羞愧的事情；展示不允许存在的东西。

效果如何？ 焦虑会消失。

什么时候采用这一策略？ 当你试图隐瞒、压抑某事时；当你把自己描述展示得比实际更好时。

如何应用这一策略？ 玩耍、表演、夸大、夸张、强调，把展示它变成导演一场业余的戏剧，配合使用糟糕的特效和伤感的音乐。

👤⇄👤 策略 13：角色颠倒策略

角色颠倒策略是什么？ 采用对方的行为，并强化它。

效果如何？ 打破固定的行为模式，不再让对手扮演受害者、孩子、抱怨者、良心或老板的角色，你也不再被迫扮演相反的角色。进入他们的角色会停止你们之间的博弈，你会真实地体验对方的感觉。

什么时候采用这一策略？ 当人们表现出固执的行为并期望你在其中配合时。所以：你不要配合。

如何应用这一策略？ 以各种可能的方式模仿对方。

🐜 策略 14：打破常规策略

打破常规策略是什么？ 把所有规则颠倒过来。

效果如何？ 打破现有的游戏规则，进入暂时的"无政府"状态。新规则使得玩一场新游戏成为可能。

什么时候采用这一策略？ 当游戏规则对你不起作用时。

如何应用这一策略？ 积极调查哪些（不成文的）规则得到了遵守；由你自己或他人来调查、打破它们。

策略 15：逆转策略

逆转策略是什么？ 将问题转化为机会；遇到不幸，要看到好的一面。

效果如何？ 之前困扰你的事情突然给你带来了快乐；一个"问题"变成了"意图"。

什么时候采用这一策略？ 当现实充满问题，情况多变时。不要用这个策略来改变那些本质上无法改变的事情。

如何应用这一策略？ 将问题转化为事实，将事实转化为机会。

启航

　　大家是时候着手尝试一下了。至此，我已陪大家一起走过了一段（漫长的）旅程。现在，你已经得到了 15 种策略的摘要，可以把它们放进锦囊中备用。是时候让各位独自行动了。下面的这段话，是我给大家的最后一分钟的指南。

　　翻转思维始于我们要改变某事的决定。如果某个特定的"问题"给你带来困扰，从现在开始不要再把自己看作是一个无助的受害者。你可以在自己的宇宙中创造所有的经历。你无法改变雨、雷和闪电，但你可以改变它们对你的意义，或是改变你怎样利用它们来做什么。原则上，这很简单：你可以解决一个问题，放手不管它，或者翻转思维。要确保做出明确的选择。

　　记得本书讲到了四个问题。目前的问题是什么？（这有助于你确定是否可以简单地解决它还是暂时搁置它）它确实是个问题吗？ 你本人有没有问题？ 我认为第三个问题特别重要。当你想要翻转思考一个问题时，在许多情况下，只须停止卡壳思维就足够了。对于这种翻转思维变体的力量，我觉得怎么强调都不为过。我们经常自寻烦恼，所以要记住，以后不要再这么做了。我们需要解决的问题，首先需要通过这三个翻转思考问题的考问，只有经过了这一关，才需要提出第四个也就是最后一个问题：问题是不是被刻意造出来的？我们能否翻转思考这个问题？

接下来，要勇于依靠自己的直觉：用直觉选择一种基本的态度。问问自己这个问题：

我是带着爱的态度来处理这个情况，还是把它当作工作、战斗抑或游戏？ 要相信你能够依据直觉识别出最好的解决之道，尤其是如果你已经处理一个难题很长时间了。

现在是仔细思考的时刻。充分利用你所有的智慧，制订行动计划和具体的策略。同时要慢慢来，大胆、精确并专注于你的计划。如果必要的话，要敢于提出极端非正统的方法。写下来，和其他人讨论，试运行，彩排；不管你怎么做，都要做好准备。

启航。

行事要果断，毫不犹豫，并拿出百分之百的精力去做。不确定性属于前一步骤。到了这个阶段，你需要的是勇气、无畏和自信。

如果有必要，就给它足够的时间。每个策略都需要一定的执行时间才能起效。有时候你可以瞬间翻转现实，有时候你需要更多的时间。煮蛋只需几分钟，但炖肉需要几小时。

最后，进行评估。情况已经发生了翻转吗？ 如果答案是肯定的，那就尽情享受结果吧！

　　如果没有，那就从头再来。跌倒并不可怕。但因为害怕跌倒而拒绝爬起来很可怕。

　　感谢各位的关注，祝大家一路平安。

本书写作幕后

写一本书是一项艰巨的任务。

幸运的是，当我在 2008 年写第一版时，很多人给我提供了帮助。他们问我一些简单但很尖锐的问题，比如"你是什么意思"；或者他们会在书稿的边缘写上"呵呵呵"几个大字。如果没有这个反馈，我可能会朝着错误的方向冲过去。

第一版是分两轮写作完成的。在第一轮中，我请大家用感叹号标出他们喜欢的部分。大家可以将这一轮称为"放大回合"。我要感谢 Pepijn Lagerwey、Willem van Boekel、Marieke Frieling、Gijs Nollen、Jan Ruigrok、Daniel Koopmans、Erik F. Kuperus、Bart van der Schaaf、Herberd Prinsen、Rienus Krul、Maartje Kraanen、Johannette van Zoelen、Tim Winkel、Annelies Potuyt、Pieterjan Dwarshuis 和 Job Jansen[①] 为我提供全力帮助。除此之外，他们还提出评论和建议。这意味着在这一轮之后，本书的轮廓开始显现。

在第二版中，我的精力集中在书的结构上，同时我设法剔除所有薄弱、平庸或"还行"的东西。大家可以称之

---

① 考虑译法差异，本书不对此部分人名作相应翻译。——编者注

为"淘汰轮"。我请了一些人以此为目标再次阅读我的书稿。我要向他们再次表示诚挚的感谢。我要感谢我的朋友朱尔斯·范·达姆（书中有一个他的关于引进策略的故事）对本书的实质性反馈和支持。还要感谢路德·提森，他对书稿提出了一些根本性的问题和评论。最后，我要感谢瑟伯·厄本斯。他颇具幽默感，在他身上我找到了灵感。

本书的修订版还有更多的故事。通过之前的版本我意识到，修订一本书有时比写一本新书更复杂。就像对家进行一次重大的翻修，要比从头造新房子更费力。然而，修订正是目标所在。我也这么做了，可是做起来真的很辛苦。幸运的是，在这一轮中我得到了很多支持。

我要感谢我的儿子延·冈斯特提出让我修订这本书。之所以决定进行全面修订，是因为他坚信这本书不仅需要进行设计上的更新（他负责本书的所有平面和排版设计），还需要进行内容上的更新。

自 2008 年以来，我周围发生了很多事情。例如，奈莱克·波帝乌斯负责建好我们的社交媒体频道，这件事的重要性怎么强调都不为过。由于我们开设了在线频道，成百上千的人找到了我们，跟我们分享了一些鼓舞人心的故事，正是这些故事构成了这个修订版的内容基础。

我还要感谢那些每天为我们制作节目和工作坊课程的培训师和演员，感谢他们多年的奉献。由于他们对文本、场景和节目结构持续进行头脑风暴，翻转思维的核心思想逐渐变得更加清晰和完善。这种演出和训练每天都在进行，已经持续了大约15年，与公众和客户不断接触意味着我们的理念在不断发展。表面上，我们是教导者，但反过来，他们也通过提问题以及提供观点和故事的方式引导了我们。

最后，我要感谢我的爱人、生活伴侣以及合作创业者安玛格丽特·多舒伊丝。她的支持一如既往地极具启发性，我们两个在特内里费岛度了两周的假，其间为这本书做了最后的修改。无论从哪个方面来说，那两周都让我们无比快乐。每个人都应该尝试将自己的生活伴侣视为最好的合作伙伴，那种体验真是太让人感到幸福了。重点是，我们已经一起共同生活和工作超过45年了，是不是很神奇？

贝特霍尔德·冈斯特
2022年于乌得勒支